高校科研管理工作的理论研究与实践应用

侯明玉 ◎ 著

中国华侨出版社
·北京·

图书在版编目（CIP）数据

高校科研管理工作的理论研究与实践应用 / 侯明玉著. -- 北京：中国华侨出版社，2022.5

ISBN 978-7-5113-8779-0

Ⅰ.①高… Ⅱ.①侯… Ⅲ.①高等学校－科研管理－研究－中国 Ⅳ.①G644

中国版本图书馆CIP数据核字（2022）第058855号

高校科研管理工作的理论研究与实践应用

著　　者 /	侯明玉
责任编辑 /	江　冰
经　　销 /	新华书店
开　　本 /	787毫米×1092毫米　1/16　印张/10.75　字数/222千字
印　　刷 /	三河市金兆印刷装订有限公司
版　　次 /	2023年7月第1版　2024年7月第2次印刷
书　　号 /	ISBN 978-7-5113-8779-0
定　　价 /	52.00元

中国华侨出版社　北京市朝阳区西坝河东里 77 号楼底商 5 号　邮编：100028

编辑部：（010）64443056

网址：www.oveaschin.com　　E-mail：oveaschin@sina.com

如发现印装质量问题，影响阅读，请与印刷厂联系调换。

前言

教学与科研是高等教育的双翼，也是高校管理的核心。相对于科研而言，高校教育有较长的历史，形成了一套比较成熟的规则制度，管理有章可循。但高校科研往往缺乏普遍适用的固定范式，管理较为混乱。科研管理的核心问题，是如何发挥人的积极性和主动性，这就要研究制定有关科技政策、管理体制、制度和措施，使广大教职工的主动性、积极性、创造性充分调动起来。科研管理的目的，是增强活力，发挥优势，提高效益，更好地为高校基础教育服务，为培养高校人才服务，为实现中华民族伟大复兴服务。科研管理是一门关于研究和探讨科研活动的学问，是正确地反映科研管理规律，提供科研方法，确保现代化科学事业整成发展的新学科，需要不断总结实践中的经验，在理论上不断地进行探索。

高校科研管理工作的理论研究与实践应用是一个知识涉及面广、综合性强、与多学科交叉的课题。本书以高校科研管理工作基本原理为基础，对现阶段我国高校科研管理主体与客体、体系与管理创新进行了深入的探索，归纳出适应新时代高校科研管理队伍建设与科技创新的对策、建议，将主客体关系和创新激励确定为高校科研管理的关键要素，构建出一套比较完善的、能够得到相关领域普遍认可的科研管理体系。本书共八章，第一章主要介绍高校科研管理主体与客体的基础知识，包括高校科研管理的主体分析、客体分析、活动与创新以及主体和客体的相互关系；第二章介绍构建高校科研评价体系的理论基础，包括构建高校科研评价体系的逻辑依据、理论依据和价值取向；第三章主要介绍高校科研管理的创新激励，包括高校科研创新激励机制的内涵和原则、思路、长效激励机制和高校科研创新的管理沟通方法；第四章、第五章主要内容是高校科研绩效考核的激励动力、问题及对策；第六章介绍高校、科研机构与科技型企业协同创新的机制，包括形成机制、运营机制和保障机制；第七章介绍高校科研队伍的组织文化建设与科技创新；第八章主要探讨高校科研团队的建设与科技的创新。

本书内容充实，材料丰富，注重实用性，能帮助人们更好地了解和研究高校科研管理工作的理论及实践应用。本书在编写过程中，力求做到内容完整准确，使读者阅开卷有益。但由于时间、精力和水平有限，方方面面的不足必然存在，诚挚地欢迎广大读者以及专家批评指正。

目 录

第一章 高校科研管理主体与客体 ... 1

第一节 高校科研管理主体的分析 ... 1
第二节 高校科研管理客体的分析 ... 8
第三节 高校科研管理活动 ... 11
第四节 高校科研管理主体和客体的相互关系 ... 19

第二章 构建高校科研评价体系的理论基础 ... 21

第一节 构建高校科研评价体系的逻辑依据 ... 21
第二节 构建高校科研评价体系的理论依据 ... 29
第三节 构建高校科研评价体系的价值取向 ... 32

第三章 高校科研管理创新激励 ... 41

第一节 高校科研创新激励机制的内涵和原则 ... 41
第二节 高校科研创新激励的思路 ... 46
第三节 高校科研创新的长效激励机制 ... 52
第四节 高校科研创新的管理沟通 ... 55

第四章 高校科研绩效考核的激励动力 ... 58

第一节 高校人力资源与人力资源管理 ... 58
第二节 高校科研绩效考核的激励动力 ... 65
第三节 高校科研绩效考核的外部环境 ... 71

第五章 高校科研绩效考核激励问题及对策 ········· 82

第一节 高校科研绩效考核激励的问题与成因 ········· 82
第二节 强化高校科研绩效考核激励效果的原则 ········· 87
第三节 强化高校科研绩效考核激励效果的对策 ········· 92

第六章 高校、科研机构与科技型企业协同创新机制 ········· 100

第一节 高校、科研机构与科技型企业协同创新形成机制 ········· 100
第二节 高校、科研机构与科技型企业协同创新运营机制 ········· 105
第三节 高校、科研机构与科技型企业协同创新保障机制 ········· 111

第七章 高校科研队伍的组织文化建设与科技创新 ········· 117

第一节 高校科研队伍组织文化的内涵 ········· 117
第二节 高校科研队伍的两种组织文化 ········· 126
第三节 国外高校科研队伍的组织文化建设 ········· 137
第四节 高校科研队伍的组织文化建设策略 ········· 139

第八章 高校科研团队建设与科技创新 ········· 145

第一节 高校科研团队建设概述 ········· 145
第二节 我国高校科研团队建设存在的问题 ········· 154
第三节 我国高校科研团队建设的对策思考 ········· 156

参考文献 ········· 165

第一章 高校科研管理主体与客体

第一节 高校科研管理主体的分析

一、国外高校科研人员管理的策略分析

(一) 高校科研人员管理的传统观点

1. 奖励科研人员

尽管科研人员能用外在的奖励来促动,但有证据表明,与外在奖励相比,内在奖励是更有效的动力。金钱是普遍的外在奖励,但它不能让科研人员对他们的工作产生狂热的兴趣;但内在奖励能在今天的商业环境里产生这类激情,使科研人员达到高水平业绩。科研人员愿意留在提供有趣和有挑战性的实验室,离开提供常规工作、拥有较少个人自主决定权的实验室。因此,当前奖励体系需要关注工作本身的内在奖励。

但是,当前奖励体系也需要采用外在奖励,因为高业绩的科研人员能对组织做出实质的财政贡献,当前奖励体系需要灵活地依据他们的贡献相应地给予科研人员奖励。有证据表明,如果高业绩者遇到有更好待遇的地方,他们就会离开。因此,更宽的工作范围、更好的现金红利和更大的提升机会也有助于留住高业绩科研人员。

因为当前科研机构非常依赖跨功能团队,这些机构也给跨功能团队的业绩提供奖励。在今天的环境下,科研人员常常发现工作压力很大,难以平衡工作和家庭的要求。因此,生活的安排,如弹性时间、健康俱乐部和体育馆不仅能留住也能吸引科研人员。

2. 赞扬科研人员的业绩

成功的组织机构以一种正式和系统化的方法评价业绩。有几个评价指标有助于考量科研人员的业绩。一些评价指标是量上的,出版物是体现创新精神的一个信号,引用出版社

的数量、专利是创新精神潜在市场化的一个信号，引用专利次数和专利产生的财政收入是体现专利重要性的量。一些评价指标是质上的，自我评价和专家、管理者、同事和消费者的评价在一个或更多业绩维度上给个体排出等级，评价个体完成任务的程度。有代表性地使用多重评价指标更能取得理想的效果。

3. 职业管理

传统假设认为科研管理有两个方向：技术方向和管理方向（Merton，罗伯特·默顿·索洛，美国1957）。有着技术方向的人，更可能获得博士学位，更常评估研究的自主权和技术绩效。那些有着管理方向的人，更有可能受到较少的技术教育，更常估计商业成功和组织业绩。

为了适应这些职业方向，科研机构创设了双职业通道。那些有着管理方向的人在管理道路上获得提升，有着技术方向的人在技术道路上获得与那些在管理方向的人同样的提升。这种双职业通道也适应传统方法的专业团队。而且，科研人员可以有多于两个职业的方向。

发现技术专业和其他专业的事业发展有四个方向：①学徒阶段，专业人员学习必要的技术技能，在严密监督下工作；②独立贡献者阶段，专业人员掌握技术技能，成为独立的技术贡献者；③顾问阶段，专业人员成为较低专业人员，如许多技术管理者；④赞助阶段，专业人员提供机会给其他专业人员，处理组织的外部环境。

（二）高校科研人员管理方式的新趋势

1. 跨功能团队

传统的科研工作是被分开安排在职能团队中，因而科研人员只是对技术工作承担责任。在跨职能团队里，不同功能团队成员像紧密完整的跨功能部门那样工作。因而，除了对技术工作承担责任，科研管理人员分享了整个跨功能团队工作的其他职责。跨功能团队被科研管理广泛接受，因为团队能促进研发目标的完成，减少正式评估的需要，减少成本和需要发展新项目的时间。因此，跨功能团队能提高工作、生活质量。

为了在今天全球经济里取得竞争优势，跨功能团队可能在全球分布。这些团队允许跨国机构聚集世界各地高素质科研人员，使其在一个团队工作。不过，这些团队如果没有受到正确的管理，那么就更可能出现失败。因为这些团队跨文化的本质可能导致交流问题。为防止团队失败，他建议：使信息明确；增加面对面接触的机会；在团队成员间建立信任；不断地促进团队成员间的交流。

2. 领导科研人员

传统技术管理者通过命令和控制系统管理科研人员，他们制定研究方向，设定计划、程序和规则。而且，他们确保科研人员沿着指定方向前进，遵循这些计划、程序和规则。在竞争性的科研工作里，大量技术管理人员被退出管理岗位，更多管理岗位由个别科研人员担任。

技术管理者发挥着两种重要作用：催化剂作用和首领作用。技术管理者提供给科研人员一个富有挑战和更多自主权的环境，提供明确的工作目标，允许他们成长、发展，通过这样来完成催化剂作用。技术管理者通过指导科研人员工作来发挥首领作用。然而，技术管理者的催化剂作用越大，其发挥的首领作用就越小。为了在今天竞争激烈的研究和发展环境里成功，技术管理者要从命令和控制方式转向领导方式。因而，技术管理者要从首领角色转向催化剂角色。管理技能、人际技巧和专业技能对于技术管理者发挥催化剂作用有着十分重要的意义。

3. 知识管理

科研人员是知识工人，知识是获得竞争优势的核心资源。知识一般分为两类：显性知识和意会知识。显性知识能口头传递或文字传送；意会知识是个体化、经验的，更多由联合活动传送。而且，两类知识存在于个人和组织里，科研机构通过管理这两类知识获得竞争优势，特别是意会知识。知识管理在技术组织里起作用的两个主要因素是文化和结构，信息技术成为第二类因素。

4. 电子和其他技术

科研人员的工作主要依赖信息的流动和分析。电子技术能用于指导信息流程和分析信息。网络是大大提高信息传播速度和降低交流成本的新工具。因而，网络有潜力大大提高科研人员的成绩。他们使用网络促进产品开发和项目研究。以网络为基础的系统开发，在最短时间内发现和解决涉及的问题，开发的时间和花费大大减少。

他们使用了以网络为基础的数据库去进行知识管理，使用在线数据库在其他组织领域寻找已存在的技术解决问题方法。然而，这样一个在线数据库不足以保证科研人员成功地交流技术知识。因而，在线数据库需要有效管理。

二、高校科研管理人员的素质要求与绩效考评

（一）高校科研管理人员的素质要求

1. 较强的政策能力

对高校科研管理人员来说，应该重点了解、熟悉和掌握国家发展科学事业的路线、方针、政策及规定，保证本单位科学研究的发展方向、重点研究领域、重点研究项目或课题、本单位科研管理各项规章制度或条例；应重点了解、熟悉和掌握科研管理工作范围内的有关政策和规定，以保证自觉地贯彻执行这些政策、规定，防止和杜绝违反政策、规定的情况发生。同时，在执行过程中，还要同本地区、本单位、本部门实际情况结合起来，充分发挥自己的主动性和创造性。只有这样，才能保证党和国家发展科学事业的路线、方针、政策得到正确贯彻和落实。

2. 崇高的敬业精神

科研管理工作归根结底是一项服务性工作，没有认真负责的工作态度和敬业精神，一切工作就会成为无源之水、无本之木。高校从事科研管理工作的人数有限，工作千头万绪，既要对科研活动实施管理，又要为科研人员服务，所以科研工作需要走在前列，只有把敬业放在首位，才能以工作为重，不计较个人得失。科研管理人员必须以饱满的热情投入工作，在科研管理工作中，不怕困难，虚心请教，锐意创新，树立为科研服务的意识，踏踏实实地做好本职工作。科研管理人员还应牢固树立实事求是的思想和客观公正的办事作风，树立起耐心、细致的工作态度，在所从事的科研管理工作中，发扬敬业奉献的精神和一丝不苟的工作作风。

3. 高尚的职业道德

科研工作技术含量大，涉及先进技术多，良好的职业道德是做好科研管理工作的必要条件。以道德为基础、以职责为根本、以法律为准绳，充分认识知识产权含义，牢固树立知识产权意识，严格遵守科研保密规定，尊重科学，崇尚真理，公正、客观地对待各个项目、各项工作、各位科研人员，排除杂念，这是科研管理人员必备素质之一。科研管理人员应树立服务第一的意识，想科研人员之所想，急科研人员之所急，处处为科研人员着想，做科研人员的坚强后盾，尽量解决他们在科研工作中遇到的困难，使他们能一心一意地投入科研工作。

4. 扎实的专业知识

科研管理工作面临着各个学科、各个研究方向不同的研究内容，这就需要科研管理人员了解相关学科的一般知识，只有这样才能较好地对不同学科、不同研究方向、不同研究领域的研究工作进行有效管理。随着大学学科重组、交叉学科增多，管理人员要加强专业知识的学习，及时补充相关知识，以适应现代科研发展的需要。科研管理人员要不断学习科研管理理论、方法和政策，并创造性地与本院校实际情况相结合，学会发现问题、分析问题和解决问题，善于从大量细微的工作中总结经验，不断把握科技工作的特点和规律，解决工作中的问题，并以此来指导今后的科研管理工作。

5. 综合的管理能力

科研管理人员的工作是围绕管理进行的。管理能力包括创造性的思维方式、较强的判断能力、独立的工作能力、组织能力、表达能力等。科研管理人员既要学习管理理论，以管理理论指导实际工作，又要在丰富的实践中总结经验；既要与大量的数据、信息打交道，又要与不同层次的人员打交道。所以，科研管理人员掌握一定的管理艺术，把管理的方法和理论、手段应用于工作中是非常必要的。要以科研管理理论为工作指导，以科研实际为前提，以科研实践为准则，在千头万绪的工作中善于厘清思路，判断出重点、要点。

6. 较高的信息能力

高校科研管理人员，第一，要广开信息源。科研管理人员既要了解科研的基本特点及基础知识，又要从宏观上掌握科研动态信息，从中采集有价值的科研信息；既要了解当前的领先课题和研究重点，又要掌握科研发展的客观要求及主要矛盾，不断吸收新信息，充实科研工作。第二，要收集、转换和处理信息，并对信息进行检索，核定其可靠性。科研管理人员在收集信息时，要重视调查研究，掌握全面而系统的情况，绝不能让东拼西凑的信息作为决策的根据。第三，要将信息进行整理和纯化，并将信息编制索引以供人查询。最后，科研管理人员还要重视信息反馈，努力使之形成人本管理的、灵敏的、网络化的信息反馈机制。

7. 良好的协调能力

科研管理人员与各级各类部门、单位管理人员联系时，要在科研项目开发和申报工作中起穿针引线的作用。上级部门的政策和指示、科研人员的研究成果都要通过管理人员相互转达，这样才能保持良好的互动关系，才能使有价值的项目得到上级主管部门的支持，尽快转化为生产力，推动科技进步。高校科研管理人员不但要有横向、纵向协调的能力，还要有与科研人员保持联系的协调能力，使科研人员对政策和指示有全面的了解和掌握，并且把各个环节协调好，为科研工作创造一个有利的外部环境，充分调动广大科研人员的积极性、主动性和创造性，促进科研工作的开展。

8. 强大的服务能力

高校科研管理工作的一个重要目标就是最大限度地调动科研人员从事科研创新活动的积极性，使他们快出成果、多出成果、出高水平的成果。因此，科研管理人员应牢固树立以人为本的思想，树立科研人员至上的观念，提高服务质量，营造良好的科研环境。科研管理人员平时要注意加强与科研工作者的交流和沟通，听取他们的建议，了解他们的工作进展，帮助他们反映问题，解决困难，协调好各方面的关系，把服务贯穿于工作的全过程。科研管理人员要有默默无闻、"甘为他人作嫁衣"的奉献精神，主动、热情、高效地为广大教师从事科研工作发挥桥梁和纽带的作用。

（二）高校科研管理人员的绩效考评

高校科研管理是学校管理的重要组成部分，其水平的高低直接关系到高校在竞争中的地位、生存与发展。目前对科研管理人员实行的绩效考评虽收到了一定的成效，但尚存在一些问题。随着高校改革日益深化，传统的组织模式和管理理念已越来越不适应现实需要，建立现代化的管理体制已成为研究的热点方向之一。

1. 建立目标明确、可操作性强的量化考核指标

考评什么是考评工作首先要解决的核心问题，是绩效考评能否有效进行的基础，也是衡量考评工作的关键。在绩效考评工作启动之初，科研管理部门就应分析并统计近年科研管理的整体运行情况，仔细研究学校的发展战略目标并根据各部门教职工工作的实际情况和岗位特点建立具有可操作性的综合考核指标。各院系部门负责人要根据本部门工作性质，对相应的科研管理任务进行分解，建立部门内部的科研管理绩效指标。各院系领导应同员工代表一起，对个体所在岗位的特点展开有效分析，在明确工作目标、职责、权力和条件的基础上，将部门绩效指标进一步细分为各职责的绩效衡量指标。在建立考核指标时要明确学校的发展规划和战略目标的实现不是靠几个人或几个部门来完成的，它最终是要靠每位教职员工的努力来达到的。对于不同的岗位、不同的职责要求，考评指标也应有所不同。所以，部门负责人应采用调查、访谈等多种形式，加强与教职员工的联系，让员工主动接受绩效管理。这种对科研绩效考评体系的建立和测评过程本身，就是统一全体员工向科研管理整体目标努力的过程，必将对科研绩效管理工作起到很大的促进作用。指标的确定要尽量做到将科研年度重点工作和临时突击性任务逐层、逐月分解到每个具体的岗位上，形成教职工月度考核指标。在量化指标的描述中尽量采用准确的量词，以保证考评的客观、公正，避免人为的偏差。如果选取的指标不可控，那么绩效考核就没有实际的意义。随着高校科研工作的发展，科研管理内容的丰富和更新，科研绩效考评指标体系也成了一个动态的过程。

2. 构建完整、系统、连续性的考评模式

考评指标确定之后面临的问题就是如何考评。绩效考评在整个绩效管理流程中占有重

要的位置,前期考评指标的铺垫在这里得到结果的呈现。绩效考评工作绝不仅仅是考评方简单地对被考评方照表打分,这一环节仍然需要充分的、科学有效的沟通,它是实现考评效果的重要保证。目前很多高校的科研管理绩效考评仅仅意味着打分、填表,没有足够重视沟通环节,从而削弱了考评结果的可信性,导致员工产生抵触情绪,进而导致整个绩效管理体制的低效甚至"失效"。完整系统的考评模式必须是考评双方就考评方对被考评方的评价进行沟通与讨论,考评方有义务对每一项指标的得分进行说明,被考评方有权提出自己的不同意见。如果双方不能达成一致,还可以通过正常渠道进行绩效申诉。通过积极有效的沟通,避免了"暗箱"操作和因一些主、客观因素而带来的考评偏差。在考评过程中学校应加强并重视执行过程的检查和控制,准确了解各岗位绩效目标的执行状态,及时发现执行中的问题,采取有效措施,使绩效目标的实现得以保证。在考评实行过程中要坚持做好平时记录,形成绩效文档,随时对出现的问题进行沟通。

3. 制定合理的绩效反馈与奖惩制度

考评结果如何处理即绩效反馈问题,是绩效管理能否取得成功的关键步骤之一,很多科研管理部门在考评结束后,领导层很少就考核事宜与员工沟通,甚至对考评结果进行保密。这样做的结果就使考评事实上沦为对过去工作的回顾,而对未来工作的改进毫无意义。绩效考评结果反馈的目的主要有两个:第一是对工作信息的反馈,利于员工调整工作方法;第二是激发员工的上进心和工作热情,授之以渔,从而提高绩效。因此,应最大限度地减少员工对考评结果的神秘感,将反馈做到公开化、规范化、制度化。反馈的形式根据需要可以多样化,比如可以是直接面谈,也可以采用考评结果报告等方式。在反馈环节里最容易出现的问题是主持考评相关的领导或负责人没能对员工的优点和缺点给予明确的信息揭示,未能结合科研管理绩效目标传达出对员工的期望。一个完善的绩效反馈报告除要回顾员工过去的绩效表现之外,更重要的是能够通过考评来了解各院系部门和员工的能力状况和发展潜力,有的放矢地制订更完善的发展计划,从而最大限度地激发员工的工作积极性、主动性和创造性,提高科研工作的整体绩效。

4. 树立团队绩效价值观,实现绩效最大化

在绩效考评过程中,由于价值取向的不同,考评的标准、指标及考评办法等都会有相应的差异,可以说价值取向是绩效考评的基础,也是建立整个绩效考评体系的方向标。高校科研管理工作是个完整的系统,许多管理工作都是相互联系、相互影响、相互制约的,各部门协调配合才能构建出和谐的整体。以团队的绩效去评价团队成员的业绩,这样绩效评价就容易找到一个参照,对绩效指标也能进行有效的把握。在评价标准的选择上,既要

考核工作结果，又要考核工作流程，注重团队精神的培养。在进行个体绩效考评指标设定时，要树立团队绩效观，根据各岗位的实际情况，适当加入一些与团队绩效和流程相关的指标，并通过团队绩效目标及相关工作流程将不同特点、不同能力结构的人员融合在一起，量才而用，重视引导，达到团队成员互促共赢的局面，实现整体绩效最大化。

第二节 高校科研管理客体的分析

一、高校科研管理客体相互的关系分析

本质是事物的内部联系，它由事物的内在矛盾所规定，是事物比较深刻的、一贯的和稳定的方面。高校科研管理的本质就是在高校科技系统目标的指导下，把对高校科技系统的资源投入与组成系统的要素（如高校教师、学生、管理服务人员、经费、信息等）结合在一个统一的有机体内，以实现不同的分目标，并最优地实现高校科技系统整体目标，即解决对高校科技系统有限的资源投入与高效益地实现高校科技系统目标的矛盾。在解决这一矛盾过程中，高校科研管理的客体就是科技活动和科研服务。

提高高校科研管理创新能力必须调整好管理与服务的关系。"管理就是服务"是管理学的重要观点之一，并被用于科研管理工作之中。在对科研管理就是服务的认识上，许多高校的领导者认为，科技（研）处是学校的行政管理部门，是学校科研政策的执行者，强调科研管理工作就是服务工作。有的科研人员认为，科研管理部门是学校的机关部门，科研管理人员是行政人员，不能管理科研本身，只能管理与科研有关的事务性工作。受此影响，一些科研管理人员认为，政策是领导的事，学术是专家的事，科研管理人员的工作就是事务性的服务工作。在对科研管理与服务科研的关系的理解上，不能将目标与过程混为一谈，认为服务工作就是管理工作，做好了日常的服务工作就等于做好了科研管理工作。事实上，服务是科研管理的目标，但不能代替管理过程，科研管理的过程本质上是管理活动。此外，在管理过程中不能只考虑围绕建立科研组织，协调科研组织与人员的关系等生产关系方面开展工作，必须合理组织与配置科研资源，充分发挥科研资源的生产力作用，并努力获取最大效益，使科学技术真正成为第一生产力。科研管理创新能力来自管理者。正如科技创新必须调动科技人员的积极性一样，科研管理创新必须调动科研管理人员的积极性。因此，科研管理人员必须将管理与服务的关系调整好，以"树立服务意识、强化管

理职能、创新管理模式、提高服务效益"为指导思想,即通过提高管理效益来提高服务效益。从这个意义上来说,只有服务意识、没有管理意识,就没有高质量的管理效益,提高了管理效益就是提高了服务效益。强化管理人员的管理意识是科研管理创新的保证。科技创新反映的是科技进步与科技水平的提高,要求对管理不断进行改革和创新。因此,管理创新必须与科技进步同步发展。经验对于管理是很重要的。但仅凭经验和直觉是不能做好科研管理工作的,当前科研管理人员在注重服务意识的同时,必须强化管理意识。

二、高校科研过程与目的管理分析

(一) 高校科研的过程管理模式

高校科研的过程管理模式是对科研项目立项、项目实施与经费管理、监督与检查、结题验收等几个科研环节的具体过程进行管理。

我国现行科研管理体制以课题制为主,是典型的过程管理模式。在过程管理模式下,政府在真正的科研开始前就对项目投入资金,科研经费在整个项目周期内的所有权是国家的,使用权属于研究者,而监督权属于项目的依托单位,实行的是跟踪式的管理。大致流程是:政府根据国家科技发展战略制定项目指南,符合资格的科研人员申报项目;经过一个复杂的立项评估程序,一部分项目获得批准;项目的实施阶段;验收和结题。其中项目的实施阶段又包括项目的具体实施、项目阶段评估、项目中期评估、经费管理和监督检查等环节。

但是,高校科研的过程管理模式也存在一定的问题,主要表现在以下几个方面。

1. 重立项轻产出

项目获资助数目和资助金额一直以来被作为衡量科研机构和科研工作者科研实力的重要标志之一。有没有项目、有多少科研经费直接决定了科研单位的地位及科研工作者的职称评定和升职加薪。过程管理模式下,政府对科研有大量的先期投入,而对于资金投入后是否产生了真正的成果很少进行实质的审核,许多项目的验收和鉴定都流于形式,给科研机构和科研人员造成了项目立项比最后的成果更重要的不良印象,导致科研工作者把大量的精力集中在项目申请上,科研工作者在跑项目等环节上的人力、物力、财力投入甚至大于对项目研究的投入。

2. 难以反映科学前沿动态

项目的研究目标、技术路线、研究方法及经费预算都是在经过大量的调研、论证和充分的检索查新后完成的,很多思路和设计在研究人员提交申请书时都处于某一研究领域的前沿。但是,立项一般要经过项目申请、形式审查、同行评议、综合处理、评审会等几个主要环节。这个过程一般要持续很长一段时间,经过这样一个漫长的审核,办完繁杂的手续,任何前沿的、天才的创意和构想都可能变得不再前沿,甚至实施时再去查新都可能发现自己有拾人牙慧之嫌了。

3. 科研机会不平等

过程管理对项目申请者的资格有严格的限制,一般要求有较高的职称、资历和学历。显而易见,过程管理模式凭资历、学历而不是凭科研成果决定经费资助已经造成科研工作者之间科研机会的严重不平等。

4. 科研经费管理混乱

第一,项目立项时的预算不能全面真实地反映获得预期成果所必需的项目直接成本和间接成本,纳入经费预算的支出条款与项目实际执行过程中的花费往往不符,项目批准立项后经费管理很难按照申请时的预算执行。第二,公私不分,化公为私,有的科研人员中将科研经费用于个人开支的现象大有人在,甚至存在用科研经费购房、购车和购买其他固定资产的现象。

5. 监督难度大

过程管理模式下的监督问题是一个痼疾,花费了大量的人力、物力、财力,但收效甚微。第一,承担单位的科研管理人员受自身专业知识背景限制,很难及时、准确地掌握每一个科研项目执行过程中诸如研究方案、技术路线的改变等一系列问题。第二,对科研管理的监督长期以来不够重视,尽管需要管理的项目很多,科研管理部门的人员编制、设备编制、管理经费等却都相当有限,监督起来心有余而力不足。

(二) 高校科研的目标管理模式

针对过程管理模式的弊端,许多人提出了进一步加强管理、审计、追踪、验收、分期拨款等对策。但上述种种问题的出现,并非仅仅由管理不善或监督不严所造成,过程管理模式本身也存在很大问题。在过程管理模式下,科研经费的所有者、使用者和监督者,三者的利益是不一致的,为了追求各自利益最大化,就形成了研究者想方设法花钱,监督者因为钱不是自己的监督起来没有动力,而所有者又难以直接监督的局面,必然导致科研效率低下,科研经费大量浪费。科研管理应摆脱惯性思维,抛弃对过程管理模式打补丁的做法,改为以目标管理模式为核心。

目标管理模式是指以成果评价为核心对项目所达到的目标进行管理。相对于过程管理模式在真正的科研工作开始前即对项目投入科研资金，注重对项目立项、项目实施、科研经费管理、监督与检查等科研的具体过程进行管理，目标管理模式下，政府对科研项目基本没有先期投入，仅对通过审核认定的科研成果投入资金，强调对科研项目所达到的目标进行管理，即注重对成果的审核、鉴定、购买与转化等方面的管理，而对出成果前的科研的具体工作诸如人员安排、项目研究的进展、经费预算等都不予关注，把具体的科研工作视为不可见的"黑箱"。

目标管理模式以成果为核心，抓住了问题的本质，使有限的科研资金投入最能产生效益的地方，同时简化了管理程序，克服了过程管理模式长期以来眉毛胡子一把抓，什么都想抓，又什么都抓不好的弊端，无疑是一套真正公平的竞争机制，它促使激烈的竞争由项目的申请转移到研究和出成果上，形成重视产出的导向，极大地提高了我国科研的整体效率和科研投入产出比。

第三节 高校科研管理活动

一、高校科研管理活动能动性的分析

（一）项目选题的能动组织

科研活动是教师在其学术领域中自由、自发、自主的活动，需要一种和谐、宽松的环境。科研管理要做到既充分尊重每一位教师的研究个性，同时又加以适当的组织策划，使同一个学术群体中每一个研究者之间自由的松散的研究行为有机地加强联系，有所侧重和分工。在对选题进行设计时要十分注意各选题之间的逻辑关联，有意识地将几个选题绑在一起形成一个课题群。使本单位所有的研究项目在某一时期的某一方面形成优势，是体现科研管理能动性、促进学科优势形成的一个方面。

（二）项目申报的能动策划

项目申报是科研人员自主的行为，但是静态的管理和能动性管理有不同的效果。静态的管理往往是将通知往外一贴，等着大家把项目申请书交来，然后提交上级科研管理部

门。能动性管理则是在大家自主申请的基础上,充分调动大家的积极性并进行协调,从而有效地保证申报课题的中标率。为此,第一是全体动员,将有关申报的通知和操作办法通过各种形式让教师知道,鼓励大家积极申报;第二是组织申报人员开会,将大家申报的课题互相协调,以避免"撞车现象",同时,请有关人员介绍该类项目的评审要求和注意事项,并进行填表操作技巧的培训;第三是实行校学术委员会论证制度,就申报课题的角度、申报课题的注意事项等方面提出建设性的意见。这样,在很大程度上可提高本学科科研项目的申报率和中标率。

(三) 科研产出的能动设计

科研产出是完成科研项目取得的成果,包括论文、著作、专利、研究报告等。科研管理者可将分散的、相互缺乏沟通的研究成果组织起来,也可将整个学科人员的有关成果(包括硕士生、博士生的毕业论文),精心组织出版,设计成本学科的论丛系列,从而形成一个"重量级"的成果群。这样,一个学科的学科优势就能较好地体现出来,从而给获得各级科技奖励夯实了基础,从形式上体现出强有力的学科优势。

二、高校科研管理活动复杂的性分析

科研管理是用定性和定量分析相结合的方法,研究和处理"人—事—物"系统的运动规律及提出对该系统进行优化控制(引导、领导和管理)的理论和方法的综合性科学。因此,科研管理的目的在于通过对科研系统特征和运行机制的认识,对该系统加以干预以达到预期的效果。应用复杂科学的原理和方法,在科研管理的研究中确立非线性的、混沌的、突现的、非还原性的思维,用复杂性科学理论的观点,全面地、动态地考查科研管理系统如何在外界条件影响下,在内部子系统间的协调作用下,对外进行科研交流合作,对内灵活应变,以揭示科研管理系统存在的非线性、混沌、突现、自组织、非还原性等现象,建立适应科学技术发展的相对稳定有序的结构。

(一) 建立科学、合理的科研协同机制,加强课题团队的协同

协同学研究的是协同的各个个体如何进行协作,以及通过协作形成新的空间结构、时间结构或功能结构。系统从无序向有序转化的关键并不在于系统是否处于平衡态,也不在于离平衡态有多远,而在于大量子系统的非线性相互作用。每个人的科研能力是有限的,不可能单独面对一切挑战。参加课题的成员只有把自己置身于课题团队中,才能在竞争中

生存，才能在科学研究中极大地发挥自己的创新能力。所以，作为科研管理者和参加课题组的成员，一方面都应该有高度的协同进行科学研究的意识，另一方面要在课题组成员之间、课题组与课题组之间、管理决策部门与课题组之间建立一套科学合理的协同机制，提供各种机会和条件创造一个各子系统能量释放和协同的环境，充分调动和利用课题组成员的积极性、能动性，通过子系统（课题组、课题组成员）的发展和协同作用来实现科研管理的整体目标。

（二）建立以项目目标为导向的软控制机制

复杂系统的复杂性来源之一就是子系统（或系统内的元素）的非线性聚集和各子系统（元素）间的非线性作用，而复杂系统又具有自适应、自学习的特点，因此要对单个的子系统（元素）进行控制变得非常困难。所以，对于科研管理系统这个复杂系统，决策者和管理者应在对系统的目标和各子系统动力机制了解的基础上，针对各子系统成员行为特点、课题的性质和科研要达到的目标，建立以项目目标为导向的软控制机制。这种控制机制可以使各课题组、课题组的各成员能够根据课题的目标要求适时地改变自己的行为和研究方向，充分调动自己进行科研的欲望和创新积极性，使整个科研系统充满活力和竞争力，并且通过课题组的各成员间相互协同实现科研的整体目标。

（三）建立具有自适应性的动态科研组织结构

这种动态组织结构意味着系统内不同层次上的子系统的行为必须遵循一定的规则，根据环境和接收信息来调整自身的状态和行为，并且通常有能力来根据各种信息调整规则，产生以前从未有过的新规则。通过系统主体的相对低等的智能行为，系统在整体上显现出更高层次、更加复杂、更加协调的职能有序性。这种动态的管理必须适应迅速变革的科学技术环境，必须从更高的视角来认识科研工作和管理，通过以"动"应"变"来对科研活动进行管理。传统的刚性组织结构容易带来有限资源的配置不合理，导致资源浪费。动态的组织结构能够根据科学技术的发展和外部环境的变化，及时有效地调整自己的行为。

（四）利用"蝴蝶效应"，培植科研管理的创新机制

自组织系统总是和一定的目的性相联系的。钱学森曾指出，"目的就是在给定的环境中，系统只有在目的点或目的环上才是稳定的，离开了就不稳定，系统要拖到点或环上才能罢休。这就是系统的组织。"由于科研管理系统内部反馈机制和涨落的存在，科技创新

表现出新颖性、创造性和目的性。因此，科研管理系统一方面要充分利用系统的负反馈机制（能够使系统通过自我调节而保持稳定），将科研的整体行为控制在一定的目标轨道上。另一方面，又要充分利用课题组内部的创新因素——涨落和正反馈机制，对创新思想、创新行为在各个层面加以培养，给予鼓励与奖励。这就要求管理者和员工敢于打破阻碍科技创新的已存方式和框架结构，在管理理念、管理结构、管理方法和技术等方面，不断创新和变革，提高管理水平和创新意识。相反，如果管理系统过分依赖计划和僵化的组织，课题组就会处于混乱、无序状态，无法形成有序结构。"混沌是一种能带来新奇、创新、革命和创造奇迹的原型"，在混沌理论看来，科研管理系统存在"蝴蝶效应"，即非常小的初始条件变化长期对系统产生非常强烈的影响，这说明混沌现象的发生，往往是新秩序系统产生的契机。因而可以通过诱发混沌，为科研管理建立新的创新机制提供变革的途径。如科研管理可以充分利用管理者和科研人员的"创新偏好""灵机一动""风险态度"，制造"激励机制""政策倾斜"等"蝴蝶效应"来培植科研管理系统的创新机制。

三、高校科研管理活动开放性的分析

高校的重要职能和根本目标在于知识的创新和观念的创新，科学研究带动教学是大学保持知识代谢水平的基本方法。科研管理就是通过有效并可操作地配置、分配和控制人、物和财力资源的方法，维持一种有创造力的环境，使科研和发展活动能够集中于解决组织的首要问题。高校科研管理应遵循科研活动开放性的特点和规律，不断提高管理水平和管理能力，促进高校科研活动沿着健康、科学、高效的方向发展。

（一）科研过程管理的开放性

科研过程涉及科研立项、科研项目的执行等内容。在科研过程管理中，由于科研项目管理涉及面较广，影响范围较大，需要科研人员、科研管理人员和行政主管部门的共同努力，采取行之有效的措施，切实加强科研项目的过程管理。科研制度是贯穿始终的重要环节。一套严格规范的科研制度，对科研项目组织实施、质量监督、验收评价的管理尤为重要。只有通过科研项目的课题人负责制、课题研究的招投标竞争机制、激励科技创新等机制，才能最大限度地保证广大科研人员完成项目的主动性和积极性。

1. 科研立项管理的开放性

工业化水平的提高，对高校科研成果的需求不断增长，大学的科研管理在推进教师从事科学研究的同时也势必对其成果转化的社会效益提出要求，使大学的科学研究更贴近社

会发展的需求。通过科研管理实现产学研合作，促进科技的社会生产力转化，为学校办学和科学研究的发展提供更大的发展空间。科研立项管理要避免"内部人"现象的发生，充分体现科研过程的公平性、公正性、公开性。项目评审应组成一个包括多方面人士参加的评审机构，保证评审过程和评审结果的客观性、公正性和科研项目的必要性、可行性，保证科学地进行决策。评审机构的人员构成应避免某一领域或部门出身的专家人士过于集中的现象，应广泛聘请相关专家参与，如知名企业家、工程师、学术界专家、社会名流、政府官员等。

2. 科研项目管理的开放性

科研项目管理是高校科研管理的核心内容和关键环节，搞好科研项目管理，在高校科研管理活动的整个过程中具有全局性意义。以往对科研项目的管理，是静态、单向、被动的和一次性的管理，不利于提高科研管理的效率和质量，现代高校科研管理应朝着动态、双向、主动和综合管理方向转变。

现代科学技术的迅猛发展、信息社会的合作要求、知识经济时代的融合趋势，使得高校作为一个相对独立的科研实体，也不得不走出封闭独立的尴尬境地，与相关部门建立多方位的合作与交流，充分发挥科研项目的载体和纽带作用。高校科研活动不仅需要高校加强自身与同行垂直部门之间、内部所属部门之间的纵向联系，而且需要加强自身内部各部门之间、学校与社会之间的横向联系，以科研项目为中心、以学科专业为依托，广泛建立合作机制，发挥集合优势，统筹协调，实现优势重组，协同攻关，及时沟通信息，建立科研资源与科研人才的学校与社会共享机制，形成开放性的合作新格局。

(二) 科研成果管理的开放性

科学研究价值的实现，在很大程度上取决于其成果的转化，以往的管理局限于结题本身，忽略成果评价与成果转化环节，导致科研效益的低下。高校科研管理只有通过管理创新和制度创新，才能引导和激励高校多出高水平的科研成果。科研管理应由项目资助为主向成果奖励为主转变，充分发挥项目评价的激励作用。

1. 实行科研成果评价社会化，加大成果奖励力度

就基础研究而言，目前整体上存在评价体系不合理的情况，没有形成一种公开监督、全面协调、合理有效的评估机制，同时，运用过于定量化的评价体系来衡量考核不确定的基础研究活动也有失公正。高校应运用社会化的手段开展科学研究，建立以课题为载体、以课题组为纽带的研究体制，坚持客观、公正和有利于理论创新的原则，建立统一、滚动

的项目库和专家库。同时，应不断改进和完善项目成果的评价和奖励制度，重奖学术精品。

2. 实行科研成果转化市场化，体现项目社会价值

为促进科研成果价值的实现，高校科研管理应当延伸管理的链条，使管理重心后移，加强对科研成果转化的管理，把成果转化列为深化科研项目管理改革的重要工作，实现高校科研成果社会共享，科研数据、科研成果应及时向社会公布，设立数据共享平台，真正使科研成果发挥最大社会效益。为此，需要通过各种途径鼓励科研成果的公开发表，促进科研成果转化的社会化，实现科研成果向现实生产力的转化。

（三）科研资源管理的开放性

科研活动的根本宗旨和动力在于创新，高校科研过程保持一个畅通、开放的研究环境，广泛吸取各方面有益的信息，对于提高科研人员的研究素质，最大限度地发挥其创新意识、提高其创新能力有着重要的推动作用。随着科技的发展和高校社会服务职能的不断扩展，科研工作朝着各相关领域之间相互渗透、影响、交叉和促进的方向发展。因此，构建开放的科研环境，特别是开放的科研资源管理机制，对于科研活动的有序、高效开展具有关键性意义。

1. 建立高校人才资源的社会共享机制，促进重大科研项目的联合开发

高校内部院系之间，高校系统与外部单位之间人员的互相配合、协同合作，可以不断为科研活动带来新的思路、新的方法、新的创意，保持科研的活力，促进学术创新，提高整体的科研水平与能力。同时，不同领域之间的科研合作，是提高科研人员积极性和竞争意识的重要手段和管理策略。

2. 建立高校物力资源的社会共享机制，提高科研设备的科研利用率

高校科研活动不应孤立进行，一方面要为社会提供全方位的资源支持服务，另一方面又要积极争取和合理利用外部资源，壮大科研实力。目前高校资源利用中的一些常见的不正常现象是"资源私有化"和"服务利益化"，把学校的学科资源、设备资源、空间资源等据为己有或小团体所有，导致大量资源的闲置和浪费；把自己所管理的设备资源和空间资源作为谋取个人或小团体利益的资本，导致资源利用率低下。鉴于此，高校的科研资源应实现科学合理的配置，建立信息和科研设施的基础平台，打破部门、院系、行业之间的界限，提升科研设备的使用率，减少设备的盲目引进、重复购置。因此，高校科研管理要打破学校与外部环境之间相对封闭的局面，形成一个部门资源共享、合理有效使用的开放

性的健全机制。

四、高校科研管理活动的持续性分析

科研管理的质量方针是"精心设计、科学管理、用户至上、持续改进",所谓持续改进,是指增强满足用户要求的能力的循环活动。事物是在不断发展的,都会经历一个由不完善到完善,直至更新的过程,用户对产品或服务的质量水平的要求也在不断地提高。因此,高校也应建立一种能适应内、外部环境的变化要求,增强适应能力并提高竞争力,改进业绩,让所有相关方满意的机制。这种机制就是持续改进,组织的存在就决定了这种需求和持续改进的存在,因此持续改进是组织的一个永恒目标。

采用各种有效方法不断完善质量管理体系,以此满足高校科研的质量要求、增强竞争能力,使组织得到持续和健康发展的"持续改进"的理念对开展高校科研管理具有重要的意义。

五、高校科研管理活动公正性的分析

高校科研管理主体"所从事的管理活动",就我国目前与公正性紧密相关活动而言,主要是指科研课题、科研奖励、重点学科、科研基地等科研项目的设立、评审、结项、推广等活动。高校科研管理的公正性包含两个方面的要求:一是公平的要求;二是正义的要求。公平的要求不是简单地要求在科研实力面前人人平等,而是要求在科研实力面前有适度差别的平等。也正因为如此,我们才要求公平,而不是简单地要求平等。公平是有差别的平等,其中"平等"是基本的,"有差别"是从属的、限定性的。这里最难处理的是"有差别"这一要求。这需要防止两种倾向:一种倾向是只强调在科研实力上人人平等。无论是在高校科研管理方面,还是在人类社会生活的其他方面,一味地强调平等,都有可能导致不公平。平等是有局限的,因此平等需要公正来限定和完善。在科研管理上一味强调平等必然导致科研立项上的两极分化,导致严重的"马太效应",其结果不仅影响高校科研本身,而且影响大多数高校和教师科研的积极性,影响教育质量和社会公正。另一种倾向是过分看重差别性,甚至以此为由完全否定在科研实力面前人人平等的要求,使科研立项成为一种"长官意志"。这种情况由于否定了公平的基本方面即平等,当然更无公平可言。要克服这两种倾向,需要高校科研管理者着眼于教育和社会的大局和未来发展,站在国家和高等教育公正的高度制定高校科研发展的整体规划,然后在这个总体框架内确立科研立项,进行科研监管。正义的要求不只要求惩治科研腐败,而且要求注重从源头上防止科研腐败，使科研腐败难以滋生，更不可能普遍流行。防止科研腐败是一个十分复杂的难题，但并不是不可防止，至少可以防止它像瘟疫一样在社会普遍传播。这里有三个方面的问题需要考虑：首先要减少以至消灭发生腐败的可能，这即是所谓"源头上治腐"；其次是使腐败成为"过街老鼠，人人喊打"且无藏身之地；最后是一旦发现就给予有力的惩治，使搞腐败者不仅无利可图，而且要付出惨痛的代价。正确认识和处理高校科研管理的公正性问题，从而实现高校科研资源的公平正义分配，是一个十分重要的现实问题。

第一，科研资源分配公正性问题实质上是高校科研资源配置的问题，事关高校科研管理科学性、合理性。这种分配是否公正，是高校科研资源配置是否科学合理的前提条件，而高校科研资源配置是否科学合理又直接关系到高校科研领域的公正问题。如果高校科研课题因人立项而不是因科研需要立项、科研奖励不讲学术质量和学术创新而主要考虑照顾各种关系、通过请客送礼可以获准设立重点学科或科研基地，那就不会有科研资源的合理配置，就不会有真正科学合理的科研管理。从这个意义上说，高校科研管理的公正性是高校科研管理的生命，是实现高校科研管理科学性、合理性的前提。

第二，科研资源分配的公正性问题也是高校十分敏感的问题，事关高校教师的科研积极性和学风。高校科研资源分配不公正必然导致高校科研领域的不公正。科研作为高校重要职能之一，这个领域的不公正直接影响教师的学术风气和科研积极性。如果不通过埋头从事科学研究增强学术实力，而通过各种不正当的门路获得科研资源，高校教师就可能不把心思放在研究科研工作和增加实力上而成天琢磨歪门邪道。当一些教师找不到或不愿意走歪门邪道时，他们就可能因为不能获得科研资源而抱怨，并因此而消极地对待科研工作。在这种情况下，高校的学术风气就会败坏，高校教师也不会用心去从事科学研究。

第三，高校科研公正性问题还是社会影响重大的问题，事关高校的形象、声誉和社会公正。当不少不学无术的教师通过不正当途径获得各种科研资源并将这些资源转化成个人的财产（如用科研经费购买小汽车等）时，高校就不再在社会公众中享有它们应有的形象和声誉了。不仅如此，社会公众会因此而抱怨政府分配不公，从而会影响到政府的威信。高校不仅是社会的一部分，而且是社会精神文明的重要窗口，具有重要的示范作用和辐射作用。高校科研资源分配的公正性会直接影响社会的公正性，而且当作为人类灵魂的工程师都可以通过不正当途径获取社会资源时，社会公众就有可能效仿，从而对社会风气产生很大的消极影响。

第四节 高校科研管理主体和客体的相互关系

一、高校科研管理主客体互动关系的基本假设

(一) 研究主体

对科研项目 A，科研客体在开始时有期望效果 E（A），在结束时有认可效果 R（A），研究主体在结束时有知识效果 M（A）。期望效果是指科研客体一方对于科研项目 A 转化后产生效果的期望价值；认可效果是指科研客体一方对于科研项目 A 转化后实际产生效果的承认价值；知识效果是指研究主体在科研项目 A 的研究与转化过程中获取的知识与经验。

高校作为研究主体，在科研项目开始前是以一种静态的知识水平出现的，表现为不同的学科门类、组织形式、职能单位。由于组织形式在纵向上体现了历史发展的趋势，在横向上又具有同一性，因此本书选择组织形式作为分析高校研究主体的测度。根据国内外的情况分析，高校研究主体的组织形式有个体、实验室和科技公司等。个体作为最早，也是一直持续至今的研究主体，在小范围内具有成本与决策的优势。但随着 E（A）的增长，个人能力与精力的限制，开始形成由相同或相近学科的人员合作研究的情况，后形成实验室这一组织形式。20 世纪中叶左右开始，E（A）的增长、学科知识的进步和转化周期缩短的要求，都促使在科学研究中进行更高程度的多学科协作，开始形成有高校背景或直接由高校控制的科技公司。由于规模效应与协同因素，许多地区逐渐发展形成了由科技公司汇集成的大学科技园区。以上三种形式组织起来的研究主体并不是纯粹的研究开发者，在功能上有些还具有生产、营销的性质，特别是科技公司在成果转化方面具有多重功能，但研究创新的灵魂作用是贯穿始终的。因此，这里仅从研究主体的角度分析三种组织形式。

以上三种组织形式仅指高校的研究主体，而且三者的顺序并不表示后者彻底排斥前者。由于各学科发展水平各不相同，更重要的是各科研客体的 E（A）变动范围非常大，因此，三种组织形式都并存发展，如同跨国公司的扩张并不会完全排挤中小企业的市场空间一样，各自都有自己的优势。但是后者较之于前者发展得更快，可以进行前者无法胜任的研究。

（二）科研客体

科研客体作为科研成果的接受方，与研究主体之间不止是一次性交易的关系。实践与历史的经验告诉我们，双方更普遍的形式是在长久的合作中建立起一种相互发展的关系。因此，不仅要考虑单项与短期科学研究项目的客体，而且要重点分析长期互动过程中的科研客体。从主体服务对象的普遍性与对宏观经济的影响力角度出发，社会科研客体可分为个体项目、地区行业和国家产业。当然，这种分类也是基于世界范围内的科学研究情况，以及我国的大国现实与地区情况。

二、高校科研管理主客体互动机制分析

在科学研究过程中，主体与客体之间是相互作用的。这里将高校作为一个整体进行分析，也就是将高校组织、协调起来的不同研究主体作为整体进行分析。这样，新的研究主体即为个体集、实验室集、科技公司集。

科技公司集在很多地区表现为大学科技园区、创业园区等形式，但还有其他的表现形式，如单个的科技公司集、小集团的科技公司集、非营利的科技公司机构集等。因此，研究主体应该用科技公司集而不用它的某种表现形式来命名。基于科学技术的发展有其自身特有的规律，将研究主体作为第一测度对象，而科研客体作为第二测度对象，得到以下九种形式："集，个体项目""高校个体集，地区行业""高校个体集，国家产业""高校实验室集，个体项目""高校实验室集，地区行业""高校实验室集，国家产业""高校科技公司集，个体项目""高校科技公司集，地区行业"以及"高校科技公司集，国家产业"。

第二章 构建高校科研评价体系的理论基础

第一节 构建高校科研评价体系的逻辑依据

一、构建高校科研评价体系的内容依据

由于高校科研评价体系的内容主要有指标体系、指标权重体系（指标权集）、评价标准体系，加之科学、合理的高校科研评价体系必然不能违背教育理论，不能违背教育实践，不能违背教育政策，因而在此将立足指标体系、指标权集、评价标准体系三维视角，从教育理论、教育实践及教育政策三个层面探寻构建高校科研评价体系的内容依据。

（一）教育理论层面的依据

理论是实践的指南，与构建高校科研评价体系这一实践密切相关的理论主要来自高等教育学、高等教育管理学、教育评价学、教育测量学、教育统计学、教育经济学等学科及已有相关研究成果。全面审视已有相关理论可知，它们对构建高校科研评价体系实践的指导集中体现于以下十大原则。

1. 针对性原则

任何一套评价体系都是针对一定评价对象的某方面本质特征（或本质属性）而言的，这些本质特征或本质属性就是评价的目标。评价指标是根据评价的目标，由评价指标的设计者分解出来的，能够反映评价对象某方面本质特征的具体化、行为化的主要因素……指标是目标的具体化和操作化，是操作化了目标。可见，任何一套评价指标体系都是根据评价的目标而逐步分解而来的，都是围绕一定评价对象的某方面本质特征而设计的，具有明显的针对性。指标权重，也叫指标权数，是反映各项指标在评价指标体系中重要程度的量数。研究表明，"根据评价对象的历史条件和环境条件，适当地调整某些指标的权数，就

能引导人们重视工作中的某些薄弱环节,便于人们在工作中抓重点,抓关键,区分主次、轻重缓急,集中精力抓好主要工作"。评价标准是评价一定评价对象的某方面实际达到相应指标程度的具体要求,反映评价指标体系中相应末级指标对应评价项目的状况,清晰指明一定评价对象某方面的优劣水平及努力方向。不言而喻,构建高校科研评价体系时,无论是拟定相应的评价指标,还是拟定各项评价指标的权重,抑或拟定各项末级指标的评价标准,都应具有一定的针对性。

2. 指导性原则

毋庸置疑,任何一套评价体系的各级指标及其相应权重和末级指标的评价标准都是针对一定评价目标而拟定的。之所以拟定相应的指标、权重及评价标准,既是为了判断一定评价对象某方面本质特征的价值,也是为了引导一定的人群朝向某一方向发展。可见,评价体系具有明确的定向指导作用。针对高校科研构建评价体系,既是为了评价高校科研的状况,也是为了给高校师生员工指明具体的奋斗目标与努力方向。显然,构建高校科研评价体系时,务必把握好评价体系的指导作用,千万不能随意拟定指标、权重及评价标准。

3. 公平性原则

由于评价具有价值判断的作用,因而评价体系的指标体系、权重系统及评价标准不同,最终得出的有关评价对象某方面本质特征的价值判断就会有别。由此可见,评价体系的指标及其权重和末级指标的评价标准是否能够被科学合理地拟定,直接关系到评价结果的公平与否。为此,在拟定高校科研评价体系的指标、权重及评价标准时,务必充分考虑到不同类型、不同层次高校的特殊性,针对不同类型、不同层次的高校,设计具有相对弹性的指标、权重及末级指标的评价标准,以尽量保证评价结果的公平。比如,为了公平地评价研究型高校和教学型高校的科研状况,在拟定高校科研评价体系时,可以设计一定数量的弹性指标,有差别地评价研究型高校和教学型高校;还可以针对研究型高校和教学型高校,对同一指标尤其是同一末级指标有差别地设定不同的权重;甚至可以针对研究型高校和教学型高校,对同一末级指标拟定有差别的评价标准。

4. 客观性原则

任何一套评价体系的各级指标及其相应权重和末级指标的评价标准,都是针对一定评价目标而拟定的,具有显著的主观性。这种主观性的存在,无疑会降低评价结果的信度与效度。为了保证评价结果具有较高的信度与效度,在构建评价体系时,务必保证评价体系的指标及其权重和末级指标的评价标准体系,尽可能客观反映一定评价对象的本质特征。为此,在构建高校科研评价体系时,应尽可能从当下高校的客观实际出发,在广泛、充分调研的基础上，实事求是地拟定相应的指标、权重和评价标准。

5. 统一性原则

一般来说，评价指标体系是通过逐级分解评价目标而来。尽管评价指标之间具有一定的层级性，但它们最终都是指向同一评价目标的。为此，在拟定高校科研评价指标体系时，要确保指标内涵的一致性，要确保评价指标与评价对象或评价目标的一致性，要确保下一层级的评价指标与上一层级的评价指标（评价对象或评价目标）保持一致。

6. 科学性原则

所谓科学性原则，是指在构建高校科研评价体系的过程中，既要以一定的科学理论作指导，又要以一定的科学思维方法着手实施，确保评价体系具有较高的信度与效度。具体来说，在拟定高校科研评价体系的指标体系及其权重系统和末级指标相应的评价标准的各个环节时，都应符合科学要求，力求指标体系及其权重系统和相应的评价标准能反映教育方针与教育政策，能反映高等教育的基本规律与高校科研的本质特征，能反映高等教育的客观现实与高校科研的客观实际。此外，务必确保评价指标体系中各项指标之间不相互矛盾，同一层级上的指标之间相互独立、互不包含，下一层级指标能完整地反映上一层级指标，整个指标体系能完整地反映总体评价目标或评价对象。

7. 可行性原则

评价体系是一种价值判断的工具，其自身的价值直接体现在评价实践活动中。显然，某种评价体系在评价实践中是否可行或可行性程度的大小，不仅直接关系到该种评价体系自身价值的有无或自身价值的大小，而且直接关系到相应评价结果的有效性或合理性。为此，构建高校科研评价体系时，一方面应力求评价指标及其权重和相应的评价标准做到具体、可测、明确、简洁，并能为被评价者所理解和接受；另一方面应尽量少用甚至不用抽象的数学模型。

8. 发展性原则

评价既是一种价值判断活动，又是一种反馈促进活动；构建评价体系，既是为了判断一定评价对象或一定评价对象的某一方面的本质特征之价值，也是为了激励一定评价对象更有针对性地发展与改进。为此，构建高校科研评价体系时，既应关注指标体系及其权重系统和相应评价标准对高校科研状况的评判作用，也应关注指标体系及其权重系统和相应评价标准对高校科研的促进作用，确保最终构建的评价体系不仅能够科学、合理地评价高校的科研状况，而且能够科学、合理地促进高校科研事业可持续发展。

(二) 教育实践层面的依据

综观国内外有关高校科研评价实践发现，尽管迄今尚无公认的高校科研评价体系，但国内外都存在评价一般科研或评价高校科研的多种评价体系。比如，国家自然科学奖评价指标体系，国家最高科学技术奖评价指标体系，国家技术发明奖评价指标体系，国家科学技术进步奖（技术开发项目）评价指标体系，国家科学技术进步奖（社会公益项目）评价指标体系，国家科学技术进步奖（国家安全项目）评价指标体系，国家科学技术进步奖（重大工程项目）评价指标体系，国家科学技术进步奖（科普项目）评价指标体系，中华人民共和国国际科学技术合作奖评价指标体系，国家973计划项目中期评估评议表及国家973计划项目验收评价体系，武书连中国大学排名指标体系，等等。审视以上所述评价体系，我们认为，虽然它们各自存在不同程度的局限性，但它们都接受过评价实践的检验且被证明具有一定的科学性、合理性与可行性。显然，在拟定高校科研评价体系之时，一方面可以借鉴或吸收国内外现行的一般科研评价体系中合理性的指标及其权重与评价标准，另一方面还可以借鉴或吸收国内外现行的高校科研评价体系中合理性的指标及其权重与评价标准。

(三) 教育政策层面的依据

从高校与政策的关系看，我国高校的发展历来都为教育政策所制约。所谓教育政策，是指在一定的历史时期，国家或政府等权力机关或政党组织等政治团体，为了全面提升教育质量而以语言文字等表述形式对教育目标、教育资源、教育权利、教育机会、教育制度等做出的相应规定。不难推断，作为高校主要活动之一的科研活动，其发展问题必然为教育政策所规约。近年来，随着高校科研的价值及贡献日渐凸显，政府对高校科研的投入随之持续增加。与此同时，为了从高校科研活动中获得更大的收益与回报，政府通过教育政策的形式对高校科研成效提出了直接或间接的要求。不言而喻，有关教育政策对高校科研成效提出的要求，其实就是构建高校科研评价体系时的重要依据。在构建高校科研评价体系之时，无论是在指标体系的拟定上，还是在权重系统的拟定上，都应凸显高校在基础性研究、高新技术研究、教学研究、学科建设研究及产学研一体化研究等方面的科研质量与科研创新水平。又如，《关于改进科学技术评价工作的决定》中指出，科学技术评价要根据不同层次、不同类型科学技术活动的特点，确定不同的评价目标、内容和标准；要重点评价具有代表性的突出成绩和典型事件；科技产业化的评价以产品的技术先进性和创新性及其未来的产业化水平和发展前景为主要评价标准;科技评奖应以是否具有重大科技创新、重大技术进步,阐明自然现象、特征和规律,做出重大科学发现,以及在相应领域、学科内产生影响等实质性的价值标准作为重要指标;不能仅看 SCI、EI 等收录的论文数量,要注重评价科学论文的质量,强调论文的被引用情况,并根据不同学科领域区别对待,避免绝对化;加强科学道德建设,反对任何形式的学术不端行为。为此,在构建高校科研评价体系之时,务必设计某些指标并以不同权重体现不同层次、不同类型高校的科研特点;将高校科研领域中的代表性成果及典型业绩纳入高校科研评价体系之中并适当增加其相应指标的权重;科技成果转化方面的指标应以产品的技术先进性、创新性及发展前景为主,并适当增加相应指标的权重;在科技成果奖项评价上,应突出科技成果在重大科技创新、重大技术进步、基础理论积淀、重大科学发现及相应学科和社会领域中的重大影响等方面的指标及其权重;应将 SCI、EI 等数据库收录的论文纳入高校科研评价体系之中,要关注其数量指标,更要关注其质量指标,此外,还要在相应指标及其权重上反映所有论文的引用与转载情况;将科研诚信、科研品格等科研伦理纳入高校科研评价考核中来,并以相应的指标及权重反映高校的科研伦理素质。再如,教育部《关于进一步改进高等学校哲学社会科学研究评价的意见》强调,哲学社会科学研究评价要牢固树立科学的质量观,正确把握数量和质量的辩证关系;大力推进优秀成果和代表作评价;坚持价值性与科学性、民族性与国际性、继承性与创新性、政治性与学术性的统一;把是否发现新问题、运用新方法、使用新资料、提出新观点、构建新理论、形成新对策等作为评判研究成果质量高低的主要指标;充分尊重研究成果所有参与者的实际贡献;正确认识 SCI、SSCI、A&HCI、CSSCI 等引文数据在科研评价中的作用,避免绝对化;摒弃简单以出版社和刊物来判断研究成果质量的做法;针对论文、著作、教材、研究报告、普及读物、非纸质出版物等不同形式的研究成果建立分类评价标准体系;用不同的标准评价不同类型的研究成果。其中,基础研究要在思想理论上有所创新、传承文明上有所贡献、学科建设上有所推动,应用对策研究要在提升国民素质上有所作为、解决经济社会发展重大问题上有所突破、为党和政府提供决策服务上有所建树;坚持定性评价与定量评价相结合。为此,在构建高校科研评价体系之时,无论是在指标体系的拟定上,还是在相应权重的设计上,均应以这一政策中的相关意见作为依据。

二、构建高校科研评价体系的方法依据

综观国内外有关评价体系(包括评估体系、评价或评估指标体系、评价或评估方案)

的研究成果，不难发现，尽管不同类型的评价体系因其评价对象与评价目标的不同，而有不同的指标体系及权重系统与评价标准体系，但从其构建的方法上看，却基本一致。不难推断，这些基本一致的构建方法必定能够用来指导高校科研评价体系的构建。即是说，已有评价体系的构建方法可作为构建高校科研评价体系时在方法层面的依据。具体而言，这一方法层面的依据主要体现在如下九大关键环节上。

（一）明确评价目的

评价体系是指出于评价某种事物的目的与需要，在对该事物的本质特征进行广泛调查与深入研讨的基础上，抽取其中具有典型性的本质特征而制定的一套适用于一定范围内的评判依据。显然，任何评价体系都是基于一定的评价目的而构建的。不言而喻，明确评价目的是构建高校科研评价体系的首要环节。

（二）明晰评价对象

评价对象亦称评价目标，是评价的客体。明晰评价对象，是解决评价什么或评价谁的问题。评价体系是用来评价一定评价对象某方面本质特征的价值的，因而评价体系必然围绕评价对象构建而成。可见，明确评价对象是构建评价体系的前提与基础，评价对象越明晰，构建评价体系也随之越容易。对于高校科研评价体系来说，其评价对象理应是高校科研。显然，要想构建一套科学、合理的高校科研评价体系，必先明晰高校科研的内涵与外延。

（三）初拟评价指标

评价指标是根据构建评价标准的目的，以评价对象为目标并逐层分解评价对象，用来"反映评价对象某方面本质特征的具体化、行为化的主要因素"。评价指标是对评价对象的某方面本质特征进行价值判断的依据。其中，每一个指标只能反映评价对象的某个局部特征，指标体系（按评价对象本身的逻辑结构，将处于各层级的全部指标进行排列所得到的指标集合）才能反映评价对象某方面的总体特征。值得一提的是，评价对象的内涵通常比较复杂，需要多层级分解才能使最后分解出来的指标（末级指标）可以测量。一般来说，指标体系分解到第三级就够了。根据构建评价体系的目的，可将评价对象分解为多种类型的指标。比如，可以根据高校科研成果类别的不同，分别将相应指标归为硬指标和软指标。所谓硬指标，是指达标要求是固定而精确的，如获奖情况、项目情况、专著及论文的数量等;所谓软指标,是指达标要求伸缩性较大、相对模糊,如科研成果产生的社会效益。当然,还可根据评价指标本身的特点将它们分别归为条件性指标、过程性指标及效果类指标。

初拟各层级评价指标的方法通常有因素分析法、理论推演法、头脑风暴法和专家咨询法。其中,因素分析法是一种逐级分解评价对象,并将分解出来的主要因素作为初拟指标的方法;理论推演法是一种根据有关学科的理论推演具体评价指标的方法;头脑风暴法是一种在不受他人干扰的情况下,根据个人见解提出评价指标的方法,或者多个人在智力碰撞的基础上,因激发智慧灵感而提出评价指标的方法;专家咨询法是一种在征询专家意见的基础上初拟指标的方法。在构建高校科研评价体系时,可以综合运用以上几种初拟指标的方法。

(四) 筛选评价指标

一般来说,初拟指标还需要进一步筛选,方能作为评价指标体系的一部分。其原因主要有二:第一,在各层级初拟指标中,有的初拟指标能反映评价对象的本质,有的初拟指标则并非如此;第二,有些初拟指标之间出现了交叉、重复、包含、矛盾及因果关系,理应进行归类、合并或舍弃。

筛选多层级初拟指标的方法主要有经验法、专家会议法和调查统计法三种,其中,经验法是指评价指标的设计者根据自己的学识水平与工作经验筛选初拟指标的方法;专家会议法是指相关专家在集体探讨的基础上筛选初拟指标的方法;调查统计法是指在调查统计的基础上筛选初拟指标的方法。这三种筛选指标的方法各有优缺点,在构建高校科研评价体系时,可以将它们结合起来。

(五) 确定指标权重

指标权重是反映一项指标在评价指标体系中重要程度的量数,常用小数、整数或百分数等形式表示。对于多层级评价指标体系来说,应针对每项评价指标分配权重,以之确定其相对重要性的程度。不过,值得指出的是,有时为了方便表达,可在一套评价体系中仅列出末级指标的权重。福建师范大学黄光扬教授的研究表明:"根据评价对象的历史条件和环境条件,适当地调整某些指标的权数,就能引导人们重视工作中的某些薄弱环节,便于人们在工作中抓重点,抓关键,区分主次、轻重缓急,集中精力抓好主要工作。"为此,在拟定高校科研评价体系中相关指标的权重之时,可以适当增大或减小某些指标的权重,以此促进高校科研质量与水平的提升。

确定指标权重的方法主要有关键特征调查法、两两比较法、专家评判平均法和倍数比较法四种。其中,关键特征调查法是指,先请被调查者从所提供的初拟指标中找出最关键、最有特征的指标,再对指标进行筛选并求出其权重的方法,这种方法其实可以作为筛选指标的方法;两两比较法是指,先对指标进行逐对比较,并加以评分,重要者记1分,次重要者记0分,然后分别计算各项指标得分之和,再除以所有指标得分之总和;专家评判平均法是指,先分别请专家评判其权重,然后以专家评判结果的平均数作为各指标权重;倍数比较法是指,先对已确定的指标,以每一级指标中重要性程度最小的指标为基础,记为1,然后将其他指标与它相比,作出重要性程度是它多少倍的判断,再经归一化处理,即获得该级各指标权重。

(六) 设计评价标准

此处所说的评价标准是指,针对一定评价对象某方面的本质特征提出的标准。具体来说,此处的评价标准是指"针对每项评价指标的分类作出具体规定,提出具体要求和说明。它是衡量评价对象达到评价指标要求的尺度,对什么是好、什么是较好、什么是一般、什么是差等作出明确具体的描述和规定"。一般来说,评价标准可分为效能标准、职责标准和素质标准。其中,效能标准是关于工作效果和效率的评价标准,职责标准是关于承担职责或任务的评价标准,素质标准是关于应备条件的评价标准。在构建高校科研评价体系时,应该针对每项指标所反映的具体内容设计相应的评价标准。

(七) 设定评价标度与等级

评价标度简称标度,是指评价对象某方面本质特征达到标准的程度。表示标度的方法既可以用描述性的语言表示,又可以用量化形式表示。设定标度是为了说明什么样的程度属于什么等级。为了精确评价一定对象的某方面本质特征,通常将评价标准设定为多个等级。关于设定等级的数量,心理学的研究表明,评价标准的等级一般为3~5个。当然,到底设定多少等级为宜,还得依据具体实际来确定。

(八) 检验评价体系的信度和效度

从评价体系的性质与作用看,评价体系可以看成是一套量表。与一般量表需要检验其信度和效度一样,对于初步构建的评价体系必须检验其信度和效度,信度和效度是衡量评价体系质量的重要尺度。由此可见，对构建而成的高校科研评价体系，必须检验其信度和效度。

（九）完善评价体系

毋庸置疑，如同所有初步构建而成的评价体系一样，初步构建而成的高校科研评价体系不一定符合当下实际，需要进一步征询意见及在实践中加以试验、验证、修改，并在此基础上逐步完善。比如，使用初步构建的高校科研评价体系测量几所典型高校的科研体系，看其是否能够客观公正地评判并反映这几所高校的科研状况。

第二节 构建高校科研评价体系的理论依据

一、系统理论

系统是指"同类事物按一定的关系组成的整体"，构成系统的同类事物（各个要素）之间相互联系、相互作用，从而使系统具有一定的结构与功能。系统与构成系统的各个要素之间是整体与部分的关系，它们亦相互依存，共同作用。其主要表现为：一方面，系统对其各个构成要素具有支配性，即系统的本质属性与特有功能制约着各个构成要素的属性与功能；另一方面，系统对其各个构成要素具有依赖性，即各个构成要素是系统存在的基础，各个要素的变化必然会引发系统的变化。值得指出的是，构成系统的各个要素对于系统本身的重要程度是存在差别的，即是说，有些要素对于系统的组成结构与功能作用来说显得更重要些，而有些要素对于系统的组成结构与功能作用来说显得更次要些，且各个构成要素之间本身还有层次之分，即有些构成要素还是由其他几种构成要素构成的。为此，在遴选评价指标时，应该运用系统的思维与方法，根据评价对象的属性、结构、功能及发展变化情况对相应指标予以取舍，提炼出主要的、决定性的指标。构成系统的各个要素不是杂乱无章地拼凑在一起，而是按照某种序列结构与理论逻辑组成一个相互作用的有机整体。系统的整体功能通过其各个构成要素的内在联系和作用方式体现出来，若各个构成要素在相互作用过程中具有合理的结构与良好的状态，则系统的功能在整体上就会得到充分发挥；若某个构成要素残缺，则整个系统会出现结构失调、时序倒置、机制紊乱、功能低下等问题，甚至整个系统会分崩离析。

高校科研评价体系是由高校科研条件评价体系、高校科研过程评价体系和高校科研成果评价体系组成的有机整体，是一个具有特定结构与功能的复杂系统。系统理论无疑可以为我们分析高校科研评价指标体系、评价指标权集和评价标准体系，以及指导高校科研评价指标体系、评价指标权集和评价标准体系构建提供理论基础。高校科研评价体系有什么样的系统结构，就必然表现出相应的系统功能。高校科研评价体系的结构规定、制约着高校科研评价体系功能的性质和水平，限制着高校科研评价体系功能的范围和大小。不言而喻，高校科研评价体系的结构与功能的系统原理，可以为我们认识和完善高校科研评价体系提供非常宝贵的理论和方法。

二、利益相关者理论

利益相关者理论最早是由哈佛法学院学者梅里克·多德提出来的，在20世纪60年代左右逐步得到发展。20世纪90年代之后，利益相关者理论逐渐获得应用与推广。该理论认为，由于利益要求不同，不同利益相关者对同一评价对象会产生不同的关注焦点，进而得出不同的结论。在管理过程中，管理者理应为综合平衡各个利益相关者的利益要求而进行管理活动。

利益相关者理论可以为我们构建高校科研评价体系提供理论支持。依据利益相关者理论，可将高校的利益相关者分为四类：第一是主要的社会性利益相关者，它们具备社会性和直接参与性，如高校教师、高校管理者；第二是次要的社会利益相关者，他们通过社会性的活动与高校形成间接关系，如政府、科研院所等；第三是主要的非社会利益相关者，他们对高校有直接的影响，但不作用于具体的人，如与高校所处的地理环境与人文环境直接相关的团体与个人等；第四是次要的非社会利益相关者，他们不与高校有直接的联系，也不作用于具体的人，如社会中介评价组织、民间团体等。高校具有众多的利益相关者，不同的利益相关者，其关心的内容和侧重点有所不同，在选择特定的利益相关者作为高校科研评价主体时，应根据特定利益相关者的利益要求特点设计评价体系。

三、"3E"理论

高校科研评价体系是一个复杂的系统，且其中包含着诸多文化、政策及人类行为等软因素，因而可以借鉴软系统方法论（Soft System Methodology，SSM）对其进行分析。SSM是由切克兰德教授等人从系统的角度提出的一种认知和处理复杂问题的方法，他们认为SSM能在逐步逐层分析和理解系统所面对的复杂环境、复杂问题的基础上，提出具备逻辑合理和现实可行的解决方案。目前，SSM 理论日益成为一种分析复杂问题的有效工具。例如，Bolton 和 Gold 利用 SSM 对如何提高人力资源管理成效进行了分析，并提出了改进建议；Hsu 和 Yeo 借鉴 SSM 分析流程，对公共科研机构不同层面权益人的需求和目标、机构内容组织机制和外部社会环境开展了系统分析，为公共研究机构在当前社会环境下如何满足科技发展长期目标提出了建议；Jacobs 利用 SSM 对如何提高英国国家卫生系统服务业绩进行了分析。SSM 认为，任何一个被分析（评价）对象都可以从三个问题——为什么做（R）、做什么（P）和怎样做（Q）入手，逐步逐层展开系统分析，且任何系统都可以从产出（E1：efficacy）、效率（E2：efficiency）和效果（E3：effectiveness）三个方面来监控。其中，E1 用于衡量系统自身的产出，E2 用来体现系统对资源的利用情况，E3 用于衡量本系统产出对其上级系统目标的贡献。本书所言"3E"理论就是指切克兰德教授提出的"3E"监控思想，即产出（efficacy）衡量自身的产出，效率（efficiency）体现系统对资源的利用情况，效果（effectiveness）体现本系统产出对其上级系统的作用。

　　"3E"理论可以作为构建高校科研评价体系的理论基础。这是因为，高校科研的投入与产出转化过程的成效可以通过 E1、E2 和 E3 来分别评价，其中：E1 与 P 相关，评价高校科研的直接产出或增加的产出，如高校发表论文、出版著作、获取项目、培养人才等；E2 与 Q 相关，注重是否能用最少的资源或最短的时间获得更多的产出，如人均论文数、人均专利数、人均获取经费数等；E3 与 R 相关，关注这些科研产出是否与上级决策或管理部门的价值导向一致，如高校发表的论文、获得的专利是否具有创新性和影响力，是否能提高科技竞争力和促进国家经济发展等。以 SSM 系统分析为基础，立足"3E"理论构建高校科研评价指标体系的方法具有五大特点：第一是在逐步逐层分析评价对象内部功能与外部环境、发展战略与评价目的、不同层面权益人需求基础上构建评价体系；第二是从不同层面、不同评价维度遴选的评价指标互为支撑、相互补充，可以构成一个逻辑严谨的评价指标体系；第三是最终确定的评价指标能够满足科研评价系统的需求，且具有足够的操作性；第四是对各个评价指标的内涵界定相对清晰；第五是评价指标既可用于诊断性评价，又可用于排序性评价。尤其是，在此基础上建立的评价结果更具有目标性、系统性、透明性和可比性。

第三节 构建高校科研评价体系的价值取向

一、高校科研评价体系价值取向的概念解析

（一）价值取向

1. 价值

在哲学界，对于"价值"这一概念上下了很多功夫，关于价值的本质及相关问题的研究已经取得相当丰富的结果。主体是指对象性行为中作为行为者的人，客体是指这一对象性关系中的对象。主体的需要本质上是一种社会性的需要，是在社会活动中产生并得以提升的，价值无法脱离主体而存在，价值关系可以被视为主体性的关系，把人的需要作为衡量价值的重要尺度，根据事物的属性能不能满足需要的状况确定事物的价值。人的需要与其能力密切相关，人的需要意识的觉醒、自我需要与客体性质之间的关系的建立，以及这种关系对主体需要的满足，在很大程度上都是由其能力所决定的。

学术界关于价值问题的探索和争论一直存在，西方哲学各派对于价值的定义至少有几十种，以至于作为价值哲学的基本概念的价值究竟是什么，至今仍未有一个公认的说法。作为价值哲学的基本范畴，价值是对各个领域中各个特殊的、具体的形态的总概括、总抽象。李德顺（2013）在《价值论》中分析了几种流行的关于价值的理解，如价值是人类的一种精神现象，是人的旨趣、情感、意向、态度和观念等方面的感受状态（观念说）；价值是一种独立存在的实体或现象体系（实体说）；价值是某些实体所固有的或在某些情况下产生的特殊属性（属性说）；价值是客体满足主体需要的关系（关系说）；价值是无法脱离主体存在的，价值必须通过社会实践活动才能体现出来，是在实践中形成和发展的。他提出了自己关于价值的主张——实践说，认为价值是在实践认识活动中建立起来的，以主体尺度为尺度的一种客观的主客观关系，是客体的存在、性质及其运动是否与主体本性、目的和需要相一致、相适合、相接近的关系。

尽管对于价值的理解歧见纷呈，价值哲学仍然致力于从众说纷纭的价值观中抽象出一般的价值，从价值的本质入手，研究具有普遍性的价值问题。在实践中，人们在生活中会面临各种各样的问题，需要不断地思考和解决问题，这些问题可以归结为两类：一类是事

实问题，即对客观事物的认识问题，比如"这是什么"；另一类是价值问题，即对客观事物对人的意义问题，是人面对事物应该持有什么态度或者采取什么行动的实践问题。例如"这是一次高校科研评价"，属于事实判断，它描述了一个客观的情况，并没有要求人们做什么；"这是一次有效的高校科研评价"，属于价值判断，"有效的"表达了一种态度，要求采取一种行动。在价值判断中包含了对行动的要求，具体应该做什么或不做什么，具有价值指向性，会把人们的行动引向被判断为有价值的目标。任何学科要发挥自己的现实作用，都必须经过面对价值选择或提供价值取向这一关，因此它们最终都不能是与价值无涉的。

2. 价值观

价值观是指人们用来评价某种行为、某种事物以及某种选择的抽象的、一般化的准则。人们的行为取向、对事物的评价和态度等都是反映一定价值观的载体。价值观是世界观的核心，是人们实施某种行为的内部动力，它是一切社会行为的调节和支配力量。具体的价值观总是特定的社会存在的反映，它受社会地位、物质生活条件等环境的影响和制约。社会化是价值观的形成途径，因此，价值观是一种后天现象。价值观具有相对稳定性，一旦形成不易改变。价值观的改变是社会变革的前提，也是社会变革的必然结果。

3. 价值取向

价值取向是什么？学界尚无定论，归纳起来存在几种不同的理解。第一种理解，认为价值取向是某种价值倾向。例如，价值取向指主体在价值选择和决策过程中的一定的倾向性。价值取向就是人们在一定场合以一定方式采取一定行动的价值倾向。第二种理解，将价值取向与价值标准等同。例如，价值取向就是一个人所信奉的，而且对其行为有影响的价值标准。第三种理解，认为价值取向就是价值选择。例如，价值取向是在价值选择的过程中决定采取的方向，是人们按照自行的价值观念，对不同价值目标所作出的行为方向的选择。

上述对价值取向的不同理解，都有其合理性，而价值取向的内涵与价值倾向、价值标准、价值选择、价值目标的范畴在某些特定的情境下也存在比较大的重叠。基于对价值及价值观的理解，可以认为，价值取向是对客体的实践与认知的过程中，主体具有导向性的价值观，是主体的价值标准所取的方向，是主体自觉的、有目的对价值实践方向的选择。针对高校科研评价这一具体工作，高校科研评价的价值取向就是针对高校科研评价问题作出的价值选择，体现了科研评价主体的价值方向，是高校科研评价的理论前提。

（二）高校科研评价体系的价值取向

评价既然是一种价值判断，那么为什么还要关注高校科研评价体系的价值取向问题？这是因为，高校科研评价实践活动是一个复杂且系统的过程，无法离开价值判断。第一，高校科研评价体系需要在理解评价对象的基本属性和特征的基础上，建立一个能够表征评价对象的评价指标体系。评价指标体系的建立是蕴含价值判断的，什么样的指标体系可以表征评价对象、满足评价目的，这些均受到评价者所持有的不同的价值取向所影响。第二，为确定高校科研评价体系中的评价指标集及相应指标的权值（指标权集）而开展的信息收集和数据采集活动，以及选择合适的评价方法实施评价的活动，都涉及评价者的价值判断。第三，在实施高校科研评价的过程中，评价主体需要在综合考虑多方面因素及平衡多方面利益的基础上，立足价值理性为主导的定性分析和工具理性为主导的定量分析，得出评价结论。在这个评价实践过程中，必然会涉及不同主体的价值判断。

评价是一种价值关涉的社会活动，评价无法离开价值判断，评价合理性的基本尺度是合规律性、合目的性。一般来说，衡量评价所蕴含的价值实际上就是在理想的评价中（或者评价的理想目标的基础上）建立一套评价的价值标准，继而对评价活动进行评价。从这个意义上来说，高校科研评价的价值定位目的在于明确什么是高校科研评价的理想目标，也就是说什么样的高校科研评价才是理想的、有价值的。

高校科研评价本身不是一个无目的和价值的手段，既不是价值中立也不是价值无涉的，而是蕴含着评价主体的价值取向的，即它是价值关涉或者说价值负载的。按照前文对价值、价值观、价值取向、评价、高校科研、高校科研评价等概念的理解，高校科研评价体系价值取向是指，对高校科研评价主体进行认识和实践的过程中，产生的具有主导性的价值观，即评价主体的评价价值标准所取的方向，它是评价主体对高校科研评价行为所取的方向。

价值取向在高校科研评价中涉及不同评价主体需要的满足，高校科研评价体系价值取向是评价主体对于高校科研评价体系、评价功能所进行的选择与评价，不同的评价主体（政府、社会、高校、科研人员）在高校科研评价过程中对高校科研的认识、判断和改进不同，因而对高校科研评价体系就会持有不同的价值取向。对于政府而言，最基础的价值取向是管理价值取向，即政府对高校科研进行评价，主要目的是对高校科研水平进行鉴定，对高校科研运行进行监督管理，对高校科研资源进行合理配置；对于社会而言，最主要的价值取向是社会价值取向，即社会关注高校科研对社会的服务功能；对于企业而言，最主要的价值取向是经济价值取向，即注重高校科研评价体系满足企业的经济需求，高校科研成果产出能够转化为经济效益，促进产学研协同创新；对于高校而言，由于强调学术自由、要求免受外部影响、强调通过自由探索精神来发展新思想，因而更主张学术价值取向、教育价值取向；对于高校科研经费的提供者（政府、企业）而言，认为高校科研应该满足政府的公共政策目标和企业的经济效益目标；对于科研人员而言，认为高校科研评价应充分考虑科研人员的经济报酬、职业发展等现实需求。总体来说，不同评价主体所持有的价值取向是不同的，不能脱离具体的评价主体而抽象地讨论高校科研评价体系的价值取向。

（三）高校科研评价体系价值取向的特点

1. 理念性

理念是哲学意义上的观念或学说，是一般意义上的观点或观念，也就是我们对教育、教学、科研等的看法或所持有的信念。高校科研评价体系价值取向是理念形态的，是我们对高校科研评价体系的一般意义上的观点和看法及所持有的信念。价值取向支配着主体对高校科研进行评价，是评价活动的起点。高校科研评价体系价值取向具有理念性，主要表现有三：第一，精神性。价值取向实际上是对于某种"客观实在"所实施的认识层面的"纯化"。高校科研评价体系价值取向是在高校科研评价体系经过主体内化以后产生的观念或意念，是对高校科研评价体系认识层面的高度概括，具有精神性。第二，主观性。无论哪种高校科研评价体系的价值取向，都是从实在的某一点或者某些观点出发而建构的一种思想图像，是根据研究者当时的知识状况，以及其所惯于支配的概念结构，给高校科研评价带来的一种价值判断准则以及一种价值取向的选择。基于此，它绝不表示其自身是唯一可能的观点或者见解，随着知识的逐步积累，原先建构的价值取向可能失效，而为了达到对实在更为深入的认识，就需要研究者改进其价值取向或者重构新的价值取向。第三，非有形、非物质性。价值取向是用来理解经验实在的一种方法，是看不见摸不着的，没有具体的形态，存在于人们对于某种价值的信仰的基础之上，价值理性的行动将某种价值追求引入高校科研评价体系当中，并形成行为的目的；而工具理性的行动则借助于科学或者客观的知识，设计出实现此目的的最为适当的、有效的手段。高校科研评价体系

2. 导向性

高校科研评价体系的价值取向应该向被评价对象明确传达"应该做什么"、"应该如何做"等导向性信息。价值取向不同导致高校科研评价体系的差异，正确的、应有的价值

取向对高校科研评价体系具有积极的引导作用，偏颇的价值取向对高校科研评价体系具有消极的引导作用。确立科学合理的高校科研评价体系的价值取向，可以引导高校科研健康有序发展，引导被评价对象的科研目标和国家（或社会）需要相结合，突出高校在科研事业发展中的重要作用，鼓励创新，服务需求，科教结合，特色发展，从而保障高校科研评价的有效运行，有效提高高校科研质量与水平。

3. 合规律性

合规律性指的是高校科研评价体系的价值取向必须符合科学精神，符合社会潮流。高校科研评价体系的价值取向应该符合客观规律，具体表现在高校科研评价体系的价值取向应该具有科学性、可行性。在高校科研评价中，价值取向的科学性是指评价体系的价值取向必须以科学的精神为指导，积极引导评价活动的组织与实施。其科学性要求在对高校科研这一评价对象的本质进行理解的基础上，确立科学合理的价值取向。评价体系价值取向的可行性主要是指评价体系的价值取向必须具有可实现性，是评价体系科学性的补充，要求评价体系的价值取向符合现实条件，能够引导高校科研评价活动顺利实施与操作。总之，评价体系价值取向的合规律性是评价有效实现主体价值选择的基础，是评价活动得以顺利实现的保证。

4. 合目的性

合目的性是指高校科研评价体系的价值取向应该符合社会需求，符合高等教育的理念和价值追求，需要体现正当性、有益性和适当性。在高校科研评价体系中，价值取向的正当性是指评价体系的价值取向是否满足实践主体的目的。从一般意义上来说，在人类的社会实践活动中，只有充分满足实践主体的需求，实现实践主体的目的的评价活动才是正当的、有益的。高校科研评价的目的在于更好地改善与提高高校的科研质量与水平，只有实现或者满足这一目的的评价，才能被视为正当的、有益的评价。评价价值取向的适当性，主要是指评价活动的近期目标和长远目标，以及最终目标之间的适应与平衡，评价的根本需要与现实需要之间的协调、和谐与统一。合目的性必须考虑高校科研评价的不同主体之间的评价目的不同。就政府而言，高校科研评价是其对高校科研质量与水平进行管理与咨询的工具，目的是全面提高高校科研质量与水平，促进高校科研可持续发展；就企业而言，高校科研评价是高校技术转移、科技服务、成果转化能力的参考依据，目的是考察高校为企业带来了多大经济效益；就高校而言，高校科研评价是为促进高校科研发展、学术创新及人才培养服务的；就高校科研人员个人而言，高校科研评价是对其自我价值实现的一种评价。不言而喻，高校科研评价体系的价值取向应该是在平衡各方目的的基础上形成的，不应该顾此失彼或厚此薄彼。

二、高校科研评价体系价值取向的应然思考

（一）构建高校科研评价体系价值取向的原则

1. 目的价值与工具价值的统一

从逻辑上讲，在高校科研评价体系中，目的价值与工具价值之间不应该存在断裂，不可能存在价值无涉的纯粹的工具价值，也不可能存在完全抛弃工具价值的纯粹的目的价值。作为高校科研评价体系价值取向的两极，工具价值一定要发展到目的价值，同时目的价值必定要在工具价值的基础上得以实现。然而，在目前的高校科研评价中，存在着人为割裂目的价值与工具价值之间联系的态势，重视评价的管理工具职能，忽然评价引导科学方向、促进科学发展的作用，导致评价中工具价值极端凸显，造成高校科研评价实践出现了事实与价值分离、目的与手段倒置。本书认为，高校科研评价体系的应然价值取向必须在目的价值和工具价值之间取得平衡，在尊重工具价值的同时，更加重视高校科研评价的目的价值。高校科研评价的价值取向必须有效地整合目的价值与工具价值，避免价值取向上的单一性、片面性与畸形化。

2. 社会价值与个人价值的统一

高校科研评价体系是一个有机整体，在这样的一个整体中，各个组成部分之间是相互联系、相互作用的。高校科研评价体系价值取向必须使高校科研的社会价值和个人价值有效统一，不能仅重视个人价值而忽视社会价值，不能"只见树木，不见森林"；高校科研评价体系价值取向应该坚持社会价值和个人价值的有机统一，这种价值取向的有机统一，事关不同类型高等教育主体在招生、教学等方面公平竞争。因此，在高校科研评价中，必须平等地发展和高扬人的主体性，激发人的自我创造、自我完善的潜能，同时兼顾他人、集体和社会的利益。总之，高校科研评价体系的价值取向需要遵循社会价值和个人价值的统一原则，寻求个人价值与社会价值的最佳结合点。

3. 高校科研自身规律与社会需要的统一

科学的本质在于求真，其本质上是自由的。科研人员从事科学研究，源于"闲逸的好奇"，探索自己感兴趣的或者自认为有价值的课题，具有自由探索的特性，这是由科学的本质特点决定的。科学源于人们的困惑、好奇和兴趣，其动力在于人们具有解除困惑的精神需求。科学在起源上是自由的，在其后来的发展上也有着明显的自由探索的特性。遗憾

的是，功利主义的价值取向用科学能否带来即时或明显的物质利益，去衡量科学研究是否有价值、是否可以开展。它对能符合其价值标准的科学研究进行肯定、鼓励和大力支持，这类科学就能获得相应的快速发展；相反，如果科学研究不能满足其价值要求，就会受到排斥、歧视，并失去相应的支持，这类科学研究就不能得到应有的发展。科学的发展既得益于外部的功利性的激发和推动，又得益于内部科学精神的激励。科学研究应该是自由的，人们应该有自由选择科研课题的权利，这符合科学发展的规律性要求。但功利性的价值取向使得科研工作者不得不屈从于人们对于科学即时、现实、物质的价值追求，不得不拘泥于科学共同体、社会和国家的既定规范的要求，科学研究的自由性受到严重影响。不言而喻，高校科研评价体系的价值取向需要在尊重高校科研自身规律的同时，重视社会需要，实现科研自身规律和社会需要的统一。

4. 科学研究与人才培养的统一

高校科研与科研院（所）等科研机构科研不同，高校的科学研究不能完全离开人才培养这个根本。只有这样，才能使高校科研与人才培养的目标定位一致。再者，高校科研对学校专业建设具有引导作用，对专业教育具有促进作用，对青年教师具有培养作用；高校科研是培养学生创造力的源泉，是培养学生科研意识的动力，是培养学生思想教育的重要阵地；高校科研可以促进教学内容更新，可以促进教师的教学质量提高，可以促进学生的社会实践能力提高，可以促进科研与教学的融合。所以，我们需要充分认识高校科研育人的本质特征，高度重视高校科研育人功能，强化以人才培养为导向的高校科研评价体系的价值取向。总之，科学研究在知识创新、技术创新的同时，必须重视高校人才培养，高校科学研究的过程也应该是创新人才培养提升的过程，科学研究贡献的衡量不能仅仅依靠那些以出版物的形式体现的外显知识，也必须充分重视无形的产出，包括创新人才的培养、研究人员与组织创新能力的提升。因而，高校科研评价体系的应然价值取向必须遵循科学研究与人才培养和谐统一的原则。

（二）构建高校科研评价体系的应然价值取向

当今时代，高校科研评价体系究竟应该确立怎样的价值取向呢？依据高校科研工作的特点，以及高校科研评价体系的构建原则和高校科研评价应有的功能，本书认为，在构建高校科研评价体系时，应该坚持以下价值取向。

1. 注重原创，探求未知

科研评价是一种手段，其价值取向是一支指挥棒。高校科研评价这根指挥棒首先应该引导高校科研工作者注重原创、探求未知。

高等学校作为高深知识的殿堂，无论在西方还是在东方，都无一例外地以忠实、客观地追求高深知识或高深学问为指向，一直遵循的是以学术为中心的价值取向。在这样的价值取向下，不管市场、商品、利益如何冲击，学者们都始终坚守学术的圣土，追求纯粹的学术价值。这成为全社会思想的先导、知识的源泉，其影响社会的力量远远超越了物质和金钱的力量。19世纪以来，西方发达国家的高校科研已经逐步改变单纯追求学术价值的态度，倾向于以更为全面的观点综合考虑自身对于社会的责任；高校不仅重视教学和科研方面的追求，而且开始强化自身的社会服务职能。这种变化虽然值得肯定，但是由于高校追求的主要是社会长远利益和人类整体利益，与社会现实之间应该保持必要的距离，即高校的科研应该反映所处社会的时代精神、联系所在地区的实际，但同时必须坚持高校的内在逻辑，超越社会现实生活的局限性和功利性。因此，注重原创和探求未知的责任与使命不能被丢失和忘却。

2. 创新技术，服务社会

科研的终极目标是为经济和社会发展服务。在科学技术是第一生产力的当今时代，提高解决关系国家发展战略的重大科学问题和关键技术问题的能力，支撑经济发展方式的转变，推进产业结构战略性调整，已成为当前十分重大而紧迫的任务。在这种形势下，一方面，高校应积极主动发挥自身在人才、条件和基础研究方面的优势，积极开展科技攻关，履行起创新技术、服务社会的职能；另一方面，社会和政府也应通过相应的评价机制引导高校面向社会需要、创新技术、尽力服务社会。可见，创新技术、服务社会理应是构建高校科研评价体系时坚持的价值取向之一。

3. 科教融合，协同育人

科教融合，一方面是指科学研究与教学研究相融合，另一方面是指科学研究要为促进教学提供服务；协同育人，是指科学研究与教学活动共同培育人才。事实表明，当今高校确实很少研究自己，忘记了自己的根本职能是培育人才，忽视了自身科研的育人功能。在科研活动中，高校忘记了自身的科研工作与科研院（所）及企事业机构的科研部门所开展的科研工作之间的差别，科研项目通吃，一味追求"学术GDP"。毋庸争辩，高校科研与科研院（所）、企事业机构的科研部门所开展的科研虽然有许多相似之处，但高校科研必须具有育人性，这是高校科研与其他科研活动的最大的区别。之所以有这种不同，其主要原因在于：第一，高校科研源于人才培养，前洪堡时期，大学的主要职能是传授知识，即人才培养，科研活动隐含于教学之中。高校科研的育人导向是高校科研与生俱来的。第二，高校的根本任务是人才培养，科研不能置身其外。人才培养始终是高校的根本任务。尽管高校科研也要讲究科研成果与科研产出，但它不能脱离人才培养这个中心，不能脱离人才培养这条主线，否则高校就不配称学校。第三，高校科研的主体主要是高校教师，如果他们所从事的科研活动完全脱离了培育学生这一高校的根本使命，那么，他们也没有履行一个教师最起码的育人义务，根本不配称高校教师。显而易见，高校科研不能完全离开人才培养这个中心，促进人才培养是高校科研义不容辞的责任与使命。高校应该明白，尽管自己有时也会承担一些纯科学类的研究，尽管自己不是在每一项科研活动的每一环节中都要体现科研育人（培养学生）的使命，但总体上应该牢记自己的根本使命是育人，在科研过程中，尽可能做到以研促教，以培育学生为根本使命。为此，通过科研评价引导高校注重加强对自身的反思与检讨、总结与研究，注重科教融合，以培育学生为根本使命，是高校科研评价不可忽视的又一价值取向。

第三章 高校科研管理创新激励

第一节 高校科研创新激励机制的内涵和原则

一、高校科研创新激励机制的内涵

机,指事物变化之所由;制,指制度,即要求大家共同遵守的办事规程或行动规则。"机制"一词,最初主要用于自然科学,指生物有机体的构造、功能和相互关系,或指机器的构造和原理。经济学把它借用过来,用来表达一个由人、财、物组成的复杂工作系统。按照系统的观点,机制是指系统内各子系统、各要素之间相互作用、相互联系、相互制约的形式及其运行规律和内在本质的工作方式。它包含以下几层含义:①机制按照一定的规律自动发生作用并导致一定的结果。②机制不是最终结果,也不是起始原因,它是把期望转化为行动、原因转化为结果的一种中介。③机制制约并决定着某一事物功能的发挥。④在一定的系统中,机制是客观存在的,它所反映的是事物内在的、本质的作用方式和规律,是系统各组成部分之间相互作用的动态关系。⑤机制的优劣是以其作用于系统而导致的系统机能的强弱来评价的。

激励机制是指组织系统中,激励主体通过激励因素或激励手段与激励客体之间建立的相互作用关系的总和,即组织激励内在关系结构、运行方式和发展演变规律的总和。或简单地说,在组织中用于调动其成员积极性的原则、制度和方法的总和。

综上,可以把高校科研创新激励机制定义为:在高等学校中,为充分调动广大科研人员积极性,从而实现科研创新的目的,所采取的激励原则、制度和方法的总和。

二、高校科研创新激励机制的原则

激励机制对高校的科研创新和高校的发展至关重要,高校科研创新激励机制要依据高校科研和科研人员的特点以及科研创新理论和激励理论,按照一定的原则来构建。原则是人们在不同范围、不同层次、不同方面说话行事必须遵循的基本准则。它是在长期的实践中形成和发展起来的。

(一) 高校科研及科研人员、团队的特点

1. 高校科研特点

随着现代科学技术发展规模的扩大,渗透面的广泛,科学研究课题的综合性增强,重大的发现和突破常常是多学科交叉融合的结果。所以,比较大的研究课题,需要多学科、多专业研究人员的通力合作。一个具有合理智能结构的科研集体,是完成学科高度分化和高度综合趋势下科研任务的关键。

高等学校既是教育机构,又是研究机构。高等学校的科学研究具有自己的特点。

(1) 高等学校的科学研究具有基础性

高校科研队伍的主体是教师,教学内容的基本特点是系统的基础理论,即使是专业课程,其内容也是该专业中较为成熟的、系统化和理论化的,这就决定了高校研究人员的知识结构基本上是基础理论型的。研究人员知识结构的基础理论型,有利于开展基础研究。基础研究是培养高水平、高质量教师队伍和科研人才的重要途径。

(2) 高等学校的科学研究具有综合性

现代科学技术的发展使人们清楚地认识到,在科学研究领域必须加强各学科之间的协同和渗透,否则,很难取得科学研究的重大突破。而高等学校,即使是单科性质的院校,由于教学工作的需要,其教师队伍也是由多学科的专门人才构成的;综合大学由于学科、专业设置的综合性,文、史、哲、教、经、法、理、工、农、医、管理等各学科门类人才俱全,配置合理,具有明显的开展综合性课题研究和开拓新领域的优势。按现在高等学校教学改革的发展趋势,在未来的高等学校中,学科、专业的综合性将更强,科学研究队伍的学科综合性特点将更加突出,更具有普遍性。高等学校科学研究的综合性特点,是多数专门研究机构所无法比拟的。

(3) 高等学校的科学研究具有多元性

高等学校在科学研究的类型上具有多元性,既有基础研究,又有应用研究和开发研究。在这些研究中,有面向企业,解决企事业技术改革、产品更新换代等生产关键技术问题的;有面向某个行业,解决该行业现代化过程中重大关键技术的;有面向地区,解决本地区工农业生产和经济发展中重大技术课题的;有承担国家高新技术重大科技攻关任务、

传统产业技术改造的；有面向新兴学科、高新技术的研究，以促进学科发展和高新技术产业形成的；等等。这充分体现出高等学校科学研究的多元性。科学研究的多元性还体现在，就全国高等学校系统来说，各高等学校由于自身的科学研究基础条件和优势不同，而有各自的特点。

（4）高等学校的科学研究具有教育性

高等学校开展科学研究，一方面是出成果、为社会做贡献，另一方面是为提高教学质量、培养合格人才创造条件。

2. 高校科研人员的特点

科研人员是指在科学技术知识的生产、传播、转化和应用密切相关的科技活动中承担主要角色的有关人员。科研人员一般都经过高等院校培养，或经过专门训练，具有一定科研能力、某种专门知识和才学、某种能力和特长，能够以自己的科研活动为社会和经济发展做出贡献。从共性的角度看，科研人员一般具备以下能力：创新研究能力、发明创造能力、组织管理能力、获取信息能力以及社会活动能力等。高校科研人员具有自身独特的特点，与企业、研究机构科研人员有较大差别，它的特点主要表现在高校科研工作主体是教师队伍，具有鲜明的群体特性。高校教师在承担科学研究任务的同时，都承担着培养高级专门人才的教学任务，甚至部分教师以教学任务为主。因此，高校科研人员是指在高等学校中，既从事知识传授又从事科学技术生产、传播、转化和应用等相关科研活动的有关人员，即高校科研人员不仅具备一般科研人员所具有的能力，还承担着传授知识的主要责任。

3. 高校科研团队特点

随着科学技术的发展，科学问题的研究越来越社会化。科学技术研究不再是手工作坊式的个体研究，而是具有一定规模的集体研究；科研人员的工作不再是分散、封闭的形式，而是强调协作、开放的形式；科学创造不再是个人英雄主义的模式，而更多地是集体智慧的结晶。科学研究的集体性、开放性给科研管理带来了挑战，以往的研究形式难以适应新的变化和挑战，而强调集体智慧的团队运作适应科学研究的变化和要求。团队并不是一群人的机械组合，一个真正的团队应该有一个共同的目标，其成员的行为之间相互依存、相互影响，并且能默契配合，不断创造和追求团队的业绩。

科研团队里的科研人员应该能自我管理并且愿意为共同的目标而相互承担责任；科研团队里的权力即影响力要来源于专业的影响力，决策力要掌握在拥有专门知识的成员手里；科研团队的结构是扁平的，强调人人平等。科研团队必须关注六个关键基本因素：人数不多、互补的技能、有意义的目的、有吸引力的目标、达成共识的共同方法、相互承担的责任。

科研团队须具有有组织、有目标的科研创新能力。团队创新能力就是团队成员按照一定组织原则保持相互沟通发展和使用新颖构思的能力，是通过使彼此协作和分工使人们提出并完成创新思想的能力。团队创新能力是团队成员相互作用的一个结果，除团队成员本身的创新能力外，团队所固有的特征和构成要素对团队创新能力同样具有重要影响。研究发现，团队的领导方式、成员间联系的紧密性、团队的存在期、成员的科研背景以及团队结构，是团队创新能力的决定因素。因此，在科研创新激励过程中，应注重科研团队的培养和建设。

（二）高校科研创新激励机制的原则

通过对高校科研活动、科研人员以及科研团队的分析发现，高校科研创新激励机制的建立须遵循以下原则。

1. 以人为本原则

坚持以人为本原则就是一切管理工作均应以调动人的主动性、积极性和创造性，做好人的工作为根本。在研究高校科研创新的激励机制时，必须把人和环境紧密联系起来，不能只单独研究人，而忽视了环境对人的影响。人是管理工作的核心，管理应尊重人的需要、尊重人的个性发展，同时也尊重人的主观能动性。人是所有资源中最宝贵的资源，人是生产力中最基本、最活跃、最关键的因素。传统的管理把人看作一种"技术要素"，把人置于"严格监督和控制之下"。而随着生产力的不断发展和社会的进步，管理从以物为中心转向以人为中心，把人看作"具有内在的建设性潜力"的因素，并为人提供、创造各种条件，使人的主观能动性和自身的劳动潜力充分发挥出来。在高校科研创新的激励机制中，要以正确的态度看待人，要把科研创新人员作为激励工作的核心，正视科研人员的个性和潜力发挥，灵活把握激励制度对人的积极作用。

2. 系统性原则

所谓系统就是按照统一的功能目的而组成的有机的整体。系统中要素与要素之间、要素与整体之间、整体与环境之间都存在着相互依赖、相互结合、相互制约的关系。管理中的系统性原则，是在对系统中各个要素充分分析的基础上进行有机组合，以达到最佳的管理。高校科研创新的激励机制就是一个系统，它有一个系统的功能目的：激发人的创新力、提高科学技术水平，以增强高校创新能力，促进国家经济发展。科研创新激励机制本身也不是孤立的，它必须与外部系统发生密切联系。系统性原则要求我们在进行激励机制的构建时，应注意以下问题：

(1) 全局性

第一，必须将高校科研创新激励机制放在社会大系统中，放在整个学校系统中研究外部环境对内部机制各要素的影响。第二，要将高校内部科研创新激励机制作为一个整体，不能片面强调某个方面。就像有的时候，从局部看到有利的事，从全局看并不总是一定有利。从局部着眼，经常是"盲人摸象"，虽然他们各自都没有说错，但从整体看就都错了。

(2) 目的性

不同的系统有不同的目的。混淆了目的的管理必然是混乱的管理。这就要求我们明确目的，包括整个系统总的目的和各个要素不同的目的。但必须注意，各要素目的和系统总目的是一致的，必须服务于系统总目的。

(3) 协调性

一个系统内部各要素之间如果没有较好的协调或有机组成，那就不能称为系统或机制，而是简单要素的相加和排列。高校科研创新激励机制的协调性体现在对制度建设、文化建设和激发人的内在创新力的有机组合上。

3. 针对性原则

科研创新激励机制要有针对性。我们时常发现这样的管理者，尽管采取了大量的激励措施，员工还是不能按其所希望的、要求的、渴望的方式行事。造成这种结果的原因，大都是因为没有就需要的正确行为进行针对性的激励，即正确的行为被忽视或被惩罚，而错误的行为却被激励。因此，要针对科研人员心理需求的差异性，有的放矢地实施有效的激励，充分调动他们的积极性，尤其是对高级职称的科研人员进行物质奖励的同时，还要辅以精神奖励。在各种场合大力提倡为学校的发展比贡献、比成绩，营造人人向上的氛围，对科研人员的成绩给予充分肯定，对科研工作突出的单位和个人给予表彰，提高他们的社会知名度，巩固其学术地位，给他们以精神的成就感和满足感。总之，在设计激励机制时一定要考虑科研人员的特点和差异，这样才能收到最大的激励效力。当然，不是要求对每一位科研人员都要采取个性化的激励方式，而是在构建激励机制时，必须充分考虑激励的个性化特点，使激励机制具有一定的灵活性，以便对特殊科研人员和核心科研人员采取针对性的激励。

4. 公平性原则

这种理论是在社会比较中探讨个人所做的贡献与他们得到的报酬之间如何平衡的一种

理论，侧重于研究工资报酬的合理性、公平性对个人积极性的影响。管理人员应积极引导科研人员正确评价别人的投入与产出比，在管理实践中探索出一套客观的、量化的、准确的评价科研劳动的指标体系和方法，努力为科研人员创造一个良好的、平等的竞争环境，排除可比的不公平因素，引导他们正确对待自己和别人、荣誉和奖励，使科研人员以旺盛的精力投入科研活动。正确评价劳动个体在科研群体中的劳动投入，公平地分配劳动成果的份额，以弥补科研人员组织向心力弱、集体感比较缺乏的弱点。

5. 沟通原则

科研创新的主体是科研人员。科研人员的素质，一方面由不同学科领域的专业技术构成，另一方面由团队精神、自主学习、研发能力等因素构成。科研人员有较高层次的人性表现。按照马斯洛的需要层次理论，科研人员的人性表现呈现出对自我实现、尊重和成就感等的追求。麦克利兰的成就需要理论把人最高层次需要即人性表现归纳为对权力、友谊和成就的需要。属于科研人员较高层次追求的权力、友谊、成就感，都在团队合作、频繁沟通及相互的社会关系中体现。团队中若有人无法沟通是件极危险的事情，它会导致人际关系的恶性循环，对团队能力造成莫大伤害。团队成员间彼此有效沟通，分享信息和智慧，能激发团队潜在的力量，保障团队目标顺利实现。科研工作是以科学技术和科研人员为首要资源的活动，它为科研人员对科学技术的研究、开发、创新和转化创造良好的环境，在此过程中沟通管理是必不可少的手段。没有科学技术的有效沟通，就没有科研工作的高效率运行，也就没有科学水平的提高。沟通的过程贯穿在管理的全过程中。由于管理工作都要围绕科研活动来进行，因此沟通管理将发挥更为重要的作用。

第二节 高校科研创新激励的思路

一、高校科研创新激励的制度

（一）树立现代科研管理理念，构建科研创新型校园文化

管理理念是管理者以一定的文化背景为依托，由一系列具有密切联系的概念判断和命题所组成的观念群。管理理念隐藏在众多管理行为背后起着支配作用。目前高校科研管理理念跟不上知识经济的发展，还没有完全摆脱传统计划经济时代的理念：高校科研管理习

惯于上项目列计划,向上级要经费、鉴定、评奖等,长期把"出成果、出人才"当作高校科研管理的目标。我们必须看到自身在管理理念上的落后,即"束缚管理"和"重物轻人管理。""束缚管理"是指领导者站在居高临下的位置,统一安排、计划任务,并监督员工的工作全过程;要求员工完全按照自己的意愿行事,员工没有自主权和积极性。"重物轻人管理"就是重视对设备、仪器等"物"的管理,轻视了"人"的重要性。我们必须彻底转变"见物不见人"的观念,树立现代科研管理理念,切实做到在发现人才、培养人才、吸引人才和稳定人才的各个环节中坚持"以人为本",重视人的个性发展,并尽可能地创造条件,使他们能自由地、全面地发展自己的潜能,实现自己的价值,使科研人员的创造性得到最大限度的激发。

校园文化建设对高校科研具有重要的作用,能有效激励高校科研创新的制度。高校科研创新应当运用各种手段与校园文化有机地融合起来,形成科研创新型校园文化,以促进高校科研创新的效率。构建科研创新型的校园文化,培育科研人员的创新意识和创新精神,有利于形成鼓励创新、宽容失败的文化氛围,有利于提高科研人员的创新能力。科研创新能力的强弱和效率的高低,很大程度上取决于人们的创新观念。喜好风险,容忍失败,使人们勇于创新;害怕失败,谨小慎微是创新的大敌。特别是高校管理人员和核心科研骨干人员,更应该具备非凡的活力和超乎常人的创新精神。

对高等学校而言,要加大科研创新的激励力度,不断借鉴和吸收外来管理文化的精华,构建一个鼓励和支持科研创新、促使创新型人才脱颖而出的良好环境。在校园文化建设中要突出科研创新文化的内涵,建立适合中国国情的创新型文化。必须更加重视高校科研人员的独立性、个性和灵活性,提倡和保护具有个人冲动的"灵感"和独创性,要通过科研创新型校园文化的建设,转变科研工作人员的思想观念,培养创新意识,培育冒险和创业的文化氛围,激发创造热情,弘扬创业精神,鼓励不畏风险,允许尝试失败,增强风险意识和风险承担能力,为高校科研创新营造一个宽松、自由、兼收并蓄、鼓励个性发展的文化环境。

(二)建立吸引和培训人才的激励制度

高校建立科学有效的吸引人才和培训人才激励制度能够充分发掘科研人员的潜力,帮助他们实现自我价值,并且可以增强科研人员对单位的忠诚度和归属感,减少人才的流失。一些研究表明,造成科研人才流失最为重要的原因是缺乏有效的激励机制,使得人才的价值在科研中难以体现。论资排辈、有责无利等现象的发生严重地打击了科研人员的工作积极性；狭隘的管理思想、不公平的激励制度抑制了科研人员创造力的发挥。因此，建立合理的吸引和培训人才的激励制度十分必要。

1. 建立吸引人才的激励制度

吸引人才包括吸引学校以外的人才来校工作和吸引校内的人才更好、更稳定地工作。吸引校外人才来校工作，有利于给组织增添新的活力、带来新的思想，激励组织内的各个成员不断以新观念、多角度来思考问题，有助于提高成员的创新能力；吸引校内人才更好、更稳定地工作，即避免人才流失，是激励创新的基本条件。

2. 建立培训人才的激励制度

在当今知识剧增、知识老化速度加快的时代，知识和信息对于从事科研工作的人才来说显得尤为重要。如果不能进行必要的知识更新，得不到可靠的新信息，他们的创造能力就会衰退甚至丧失。在知识经济时代，只有不断学习才能跟得上时代。培训是科研人员的需要，他们希望通过培训，提高自己的技能，希望达到某个理想目标。科研人员的培训应注重两个方面：一方面是知识与技能的培训，另一方面是加强科研人员价值观的教育。科研人员创新能力的发挥在很大程度上受到他们的价值取向的影响。科研人员的价值取向是决定科研人员创新能力的重要因素。

（三）建立科研团队激励制度

科研创新绝不是个体独立实现的，具有创新能力的团队是孕育科研创新的摇篮。科研团队有助于激发个人的创造力，提高组织的工作绩效和创新力。团队和团队精神带来的是人与人之间相互依存、团结合作、友善民主、亲密和谐的人际关系，这种良好的人际关系在一定程度上既能促进彼此之间的合作，提高士气，同时还能满足成员的合理需要，创造出一种增加工作满意度的氛围，使人产生归属感和认同感，并从中获得自信与力量，形成一种激励，调动个人的积极性，激发个人的工作和学习兴趣，使人们创造性地工作和学习。科研团队不但能充分体现、发挥个体的个性和特长，还能具有各个成员所不具有的战斗力和创新力，最终使得团队的工作绩效明显高于个体成员绩效的总和。

（四）建立科学评价考核、鼓励探索、宽容失败的制度

目前，高校对科研的评价大多以承担多少项目、发表多少篇论文为考核目标，通过量化打分评判优劣，存在重数量轻质量、考核周期短的弊端，不利于激励高校科研创新。因此，应建立科学的评价考核激励制度。科学研究分基础研究、应用研究和开发研究，应建

立分类评价考核机制,评价不能一刀切,考核周期也不要太短,周期过短不利于科研创新成果的出现。要通过对科研创新人员的科研创新成果进行审查和评定,以确定其业绩与效果,并据此给予相应的奖励。具体来说,首先可以通过高等学校科研创新成果稽核制度,对研究成果的真实性和有效性进行评定;然后运用计算机联合评价系统或相关领域的校内外专家匿名评审,给出评定结果,最后根据结果予以奖励。这样可以激励他们不断地创造出有价值的创新成果,而不是粗制滥造。

科学研究是创造性劳动的过程,需要长时间的积累,不可能"春种一粒粟,秋收万颗子"。科研创新是有风险的,不可能每一次创新都能成功,因此,建立高等学校科研创新的激励机制,除要有创新成功奖励机制外,还应尝试创新失败容忍机制。这就应该对各个岗位和职位予以定级,根据不同的级别规定可以失败的次数、项目数、时间和经费规模等。在上述范围内允许失败,超出范围的是不受支持或是要受惩罚的。这样,由于在一定范围内的失败可以被容忍,高等学校科研人员的积极性就会高涨,创新意识就会非常强,创新成果也会随之增多。要出大成果必须有一个学术气氛浓厚、管理宽松的环境。

(五) 建立以激励创新为导向的分配制度

高校科研资源的稀缺性决定了资源分配的重要性。在资源分配的过程中,绝对的公平只能导致资源的浪费和资源使用者的平庸化,充分体现多劳多得、创造富有竞争性的环境更有利于激发高校科研人员的工作动力,促成高校科研工作目标的实现。高校科研工作应建立起激励创新为导向的资源分配制度,这具体可以表现为向特聘岗位、特殊贡献人才倾斜,向重大科研项目、高新技术项目、有较大经济或社会效益项目、跨学科项目倾斜,向重点学科、重点实验室倾斜的资源分配制度。有导向性的资源分配制度,是体现激励效果的主要表现形式,是建立规范化激励制度的重要组成部分。

(六) 建立知识产权保护的激励制度

知识产权制度是在知识经济时代调整人的财产与社会关系的杠杆,它是通过国家意志的形式赋予知识以财产权(是一种无形资产,包括著作权和工业产权两个主要部分)的一项制度。知识产权制度对科研人员的激励作用主要体现在对著作权人及一切发明创造者名誉权(人身权)、财产权与处分权的尊重与保护上。科研成果专利是创新的主要形式。科研管理的专利保护就是对其进行有效的管理与保密,近年来微观经济的市场分析表明,专利实际就是垄断,专利与垄断实际就是一种自我替代效应,也是创新的重要内容。高校科研激励也要基于这种认知来把握，真正维护科研人员的利益，推动科研事业的不断发展。

二、高校科研创新激励的策略

高校科研创新激励从激励方式的角度可分为物质激励和精神激励。物质需要是人们的基本需要，只有满足了人们的基本物质生活需要，才可能使更高的精神需要发挥作用，所以物质激励是激励的最基本的方式。当人们的物质需要得到一定程度的满足时，人们在精神方面的需要增大，这时，采用精神激励，就能更持久有效地激发人们的积极性。物质方面的激励包括工资激励、物质奖励激励等；精神方面的激励包括晋升激励、考核激励、培训激励等。

（一）目标激励

目标是指组织希望达到的成果或结果。目标是对组织的宗旨与使命的进一步阐述。目标具有导向作用，目标的首要作用是为组织指明前进方向。一个组织没有明确的目标，就没有前进的方向，就无法有效地协调资源。因此，每一个组织都必须为自己设立明确的目标，使组织成员能够互相协调，为追求共同目标而奋斗。目标具有激发组织成员的作用。

设置适当的目标，建立科学的评价体系。在对教师和科研人员的评价体系中，要用人才培养质量、科研成果、学术水平、创新活动、成果转化及高新技术产业化等综合指标来进行评价。通过评价，激励人的动机，达到调动人的积极性的目的。目标是靠人的行为实现的，而人的行为是由其积极性来推动的，一个切实的战略目标，是对整个群体的一种激励和挑战，一个宏伟的目标能激励管理者和科研人员集中精力，全力以赴，共同去完成。目标激励是激励的基本方式。就高等院校而言，学校要完善与市场经济相适应的用人机制和分配政策，特别是在教师和科研人员的工作待遇、生活条件等方面出台新的激励措施来稳定、吸引优秀人才从事教学、科研工作；要通过实行导师制、引导职称评聘中的科研导向、设立专项奖励基金等措施，加快青年科研队伍的培养。学校要积极开展学术交流活动，继续资助具有高级职称的人员和获得博士学位的教师参加国内外各类高水平的学术交流活动。

（二）政策激励

政策是管理者为了实现某个目标而制定的一系列相关的文件规定。目前国内大多数高校实行津贴制，基本上都有科研奖励方法（对学术论文、学术专著、课题项目、获奖成果、技术专利等实施奖励),对广大科研人员的科研成果进行量化管理,目的是创造一个尊重知识、尊重人才的外部环境,肯定人才和智力劳动成果的价值,进一步调动科研人员的积极性。所以,政策激励是一种积极的激励方式。

(三) 能力激励

某种需要有无激励力,在很大程度上取决于员工对自己能力的评估,如果他觉得自己具备足够的能力,就会努力去实现自己的理想。反过来,具备某种能力本身也会使人产生相应的需要,如果某人掌握了一项别人不懂或不如他的新技术,他就会产生自己应该承担更大的责任、提升到更高的职位、取得更大的成绩、得到更丰厚的回报等需要。这时,如果组织的系统和机制也能够强化他对自己的能力与这些需要的满足之间的关系,我们就可以预期他不仅会产生强烈的需要,而且会为此付出必要的努力。所以,组织应该不断地通过更新员工的知识和提高员工的技能来激发他们的进取心。

(四) 知识激励

科研人员对获取知识具有强烈的渴望,高校可以使科研人员在一流导师指导下,从事一流的研究工作,使他们能够在业务与能力上不断进步。同时,注重为科研人员提供培训、进修等学习机会,使他们能够接触最先进的技术知识。知识就是力量,当科研人员发现他们获得的知识不仅可以得到相应的回报,而且能够和所在单位一同成长,丰富自己的知识体系,他们就会更加努力地工作,全身心地为高校发展贡献力量。

(五) 公平激励

人的需要主要是在与周围的人或环境的比较中对自身缺乏的一种主观感知,这种比较实际上也是衡量自己的付出是否得到了合理的回报。这种公平性的比较往往被看作是保健因素,因为员工认为得到公平的回报是天经地义的,得到了不会产生动力,得不到则会产生强烈的不满,会失去积极性,对努力与满足需要之间的关联性失去信心,以至于放弃努力。根据公平理论,报酬多少固然对个体积极性有影响,但报酬的分配是否合理,对个体积极性的影响更大,公平会产生激励作用,不公平会使人丧失积极性。

实际上,保持系统的公平性,尤其是使处于相同或相似位置、承担相同或相似责任、具有相同或相似能力、付出了大致相同的努力、取得了大致相同成绩的员工能够得到公平的回报,可以激发员工新的需要并增强员工通过努力满足需要的信心,所以同样具有激励的作用。

(六) 愿景激励

激励力量取决于两个方面：第一是对激励愿景价值的认识，第二是实现激励愿景目标的可能性大小。在工作中如果把目标的价值看得越大，则能实现愿景满足的概率就越高，激发出的动机就越强，产生的内部激励力量就越大，激发出的积极性就越高。需要是结果的吸引力，结果从某种意义上讲就是期望，是愿景，是未来的一种可能，是努力后的一种回报。当一个人可以预见或有信心能够实现某种对自己有吸引力的结果时，他就会产生这种需要，就会为满足这种需要而付出更大的努力。所以，组织应该在相应的政策和条例中明确员工各种行为的结果和发展前景，从而激发员工因对结果的期待和对愿景的憧憬而产生强烈的需要，并为此做出积极的努力。

第三节 高校科研创新的长效激励机制

一、以系统观念为指导设计科研创新激励机制

目前高校的科研创新激励机制缺乏系统观念的指导，没有形成完整的激励体系，也没有将科研创新激励放在整个学校系统中去考虑。

第一，就激励方法而言，没有处理好激励的种类选择与有机结合之间的关系，常常是只以单种激励方法来进行单兵作战，没能形成各种方法之间的统一指导思想，不能使它们有机地配合起来、互相支持，反而在同时采用多种方法时，产生各自为政、互相抵触的问题。如在科研激励中过分注重目标激励，激励过程中只看重目标，科研人员个体的能力没有被充分考虑；在制定能力激励政策时又没有结合目标激励中的内容，导致了两者的不统一。

第二，就激励的纵深而言，则往往缺乏由低到高逐渐升级的层次性，不适用于不同需要层次员工的激励，这不但起不到应有的激励作用，还常常造成这样一种事实，即在对一部分员工进行激励的同时，挫伤了另一部分员工的积极性。

第三，在激励的范围和着眼点上没有处理好点与面的关系，往往只注意"点"上的拔尖激励，而不重视所有员工积极性的全面提高。而且由于对优秀人才的激励往往把握不好

"度",存在激励过度、重复激励和"马太效应"等问题,人为造成激励的不公平。这种"只见树木,不见森林"的做法既不利于优秀人才的培养,也不利于团队建设和团队精神的培养,不可避免地会产生负面的作用。

第四,激励的系统性缺陷表现为它对受激励者的作用在时间分布上呈现不一致性,这是因为缺乏长远考虑和足够的预见能力,或受到短期行为的影响,不能实现可持续的激励功效,激励政策常常朝令夕改。这就造成了"头痛医头、脚痛医脚"的被动局面。

第五,执行者用孤立的眼光看问题,没有将激励工作与高校的其他管理工作有机地结合起来,统筹工作缺乏系统性,不能产生良好的激励效果。

以系统观念为指导,做好科研创新激励的整体规划设计极其重要。要做好激励工作、使激励成为高校科研长期可持续发展的有力依托、克服激励工作中的短视和各自为政的弊端,就要对激励工作进行整体规划设计。具体来讲,以系统观念为指导,应该做好如下各项工作。

①正确做好对激励方法种类进行选择的工作。各种激励方法之间是相互联系和互为补充的,只有对它们加以综合运用,才能取得好的激励效果。在实际操作中,高校要根据本单位的实际情况,对传统的激励方法进行分析与选择,确定主要的方法和辅助的方法;要对各种激励方法进行定位,确定各种方法之间的关系,使各种方法形成有机的整体,体现统一的指导思想。

②要构建起科研激励的层次结构。在每个组织中,员工的需要层次是不尽相同的,处于不同层次的员工应获得相应层次的激励。因此,在构建激励体系时应体现激励内容的层次组合。在统一思想的指导下,要照顾到不同群体或个体的"各异性"来进行激励。同时,激励规划就整体而言,也应体现出逐步深入、层层递进、循序渐进的发展原则和一定的前瞻性。

③要处理好科研激励的点与面的关系。高校科研激励要面向全体科研人员,不要仅仅注重对科研拔尖人才、优秀学术骨干的激励,还要重视对所有科研人员的激励,注重他们积极性的全面提高,妥善处理好激励的点与面的关系,这有利于科研团队建设和团队精神的培养。

④要做好科研激励的时间规划。激励工作应该有目的、有计划地逐步推进;要实现它与组织的战略决策和整体规划有机的统一,做好长期规划和短期规划的结合,而不应该走一步算一步。同时,激励机制要随时间的变化而有所变化。做好激励的时间规划有利于将激励纳入自觉发展的轨道。

⑤要将激励工作纳入高校科研管理这一有机整体之中,使科研激励工作与日常科研管理、学科建设、研究机构建设、人才培养、科研文化建设、科研人事管理等工作有机地结合起来,共同促进科研创新工作全面发展。

二、建立分层次激励机制

目前各高校纷纷建立了自己的科研奖励为主的科研激励制度。若要使奖励更好地发挥激励作用,就要兼顾不同的层面,既要有高层次的奖励,也要有低层次的奖励。如果只有高层次奖励,就会使多数人觉得难以获得奖励,进而对前途失去信心,放弃对目标的追求;如只有低层次的奖励,则不利于鼓励人才脱颖而出。此外,不同层次的奖励要根据评奖具体情况确定奖励等级,这既是对不同质量成果给予正确评价的客观要求,也是扩大受奖面,使更多的人受到鼓舞的需要。除上述问题应着重考虑外,还有些问题也不能忽视。例如奖励制度中的阶段性与连续性、奖励中的客观性与公正性、适时奖励与适时惩罚、奖励的内容与形式、激励政策与其他政策的协调配套、激励对象共性与个性的区别对待等。

激励制度作为科研管理的有效手段之一,不仅已被广大高校采用,而且正发挥着越来越重要的作用。按照以人为本的原则,充分运用激励手段加强高校的科研管理,是提高高校科研管理质量的一条有效途径;不断完善高校科研管理中的激励机制,则是高校科研管理部门和科研管理人员应思考的重要课题。

从某种意义上说,科研激励制度建设成功的关键是使每一位教师都感觉到有动力和压力,挖掘每位教师的科研潜力,而且要使其通过努力能达到这一目标。"一刀切、标准相同"只能挫伤他们的科研积极性。这里所说的分层是指高校科研一般分为基础研究、应用研究和开发研究三类,它们研究的内容、目标不同,成功率也不同,用统一的考核指标来评价不合适,不利于调动高校科研人员的积极性,不利于高校科研创新。

制度建设体现分层激励的目的是提高"效价"和"期望值",从而实现激励功效。具体可从以下几方面实现分层激励:首先将科研人员按照科研能力分为不同的层级,如按职称来分,可分为教授、副教授、讲师、助教四个层级,一般来说,相应的职称意味着相应的科研能力。其次,针对不同层级制定不同的奖励标准和措施,同一层级奖励标准相同。最后,在制定激励制度时,对于较低层级要体现得到的利益和所发挥的效能的不对称性,即对于科研能力弱的教师群体,要降低要求,加大奖励力度。

三、建立科学量化和代表性成果相结合的评价模式

造成科研人才流失最为重要的原因是缺乏有效的激励机制,论资排辈、有责无利等现

象严重地打击了科研人员的工作积极性，使得人才的价值在组织中难以体现。狭隘的管理思想、不公平的激励制度抑制了科研人员创造力的发挥。建立科学有效的激励机制能够充分发掘科研人员的潜力，帮助他们实现自我价值，并且可以增强科研人员对高校的忠诚度和归属感，减少人才的流失。

考核指标不能真实、准确地衡量科研人员的贡献，不能恰当地评价科研人员的贡献，将会导致激励不公平现象的发生。在市场经济条件下，科研管理指导思想应该是使对人们工作的评价标准从原来的身份平等向机会均等、效益平等的方向转变，其具体的要求就是建立起有利于全体员工公平竞争的政策与人文环境，贯彻按劳分配的原则，合理地调整全体科研人员的利益与社会关系。在具体的操作中，建立科学的业绩评价指标体系是贯彻上述思想的首要一环，也是决定其能否实现的关键。在评价指标体系构建中，高校应该充分考虑和照顾各单位、各成分人员的不同情况，考虑到自然科学与社会科学以及基础研究、应用研究与开发研究的平衡问题，确定合理的一级指标、分级指标和权重，并积极地征求群众意见，使评价尽可能合理并易于操作。要在管理中摸索出一套客观、准确、公正的评价科研劳动的指标体系，努力为科研人员创设一个平等和谐的竞争环境。

代表性成果是指能够反映一个人的学术水平和科研实力的成果，在考虑科研评价时实行代表性成果制度，就是评价某个人的学术水平时，不是看成果数量的多少，而是看成果的质量，如不看这个人有多少文章，而是看他文章的水平。实行代表性成果制度，有利于激励科研人员安心科研工作，克服浮躁心态。在对科研人员进行考核时，科学量化和代表性成果相结合，有利于科研人员个性特色的发挥，有利于科研团队成员的密切合作，从而实现高校科研创新。

第四节 高校科研创新的管理沟通

一、管理沟通在高校科研工作中的作用

（一）及时传递科研信息

在信息时代，知识和技术发展和创新速度加快，信息传递也更加频繁。通过相关科研信息的传递，教师可以快速获得科学研究新的动态，并快速做出反应。教师也可把他们自

已对科研工作的新想法、要求和意见传递给科研管理部门。这同时也是高校科研管理部门制定决策和规划的基础，要想做出正确的决策，必须以准确、完整、及时的信息为基础。通过与上级主管部门、各科研院所及科研人员等内外部环境之间的信息沟通，可以获得最新的科研信息，从而为科研工作决策和规划提供依据。

（二）为科研创新提供支撑

管理沟通应在围绕高校如何获得科研核心能力方面做出努力。通过建立与外界科研单位的科研联盟，获得外部的资源和能力；科学技术变化迅猛，需要不断地通过沟通来汲取前沿的技术和能力，通过合理的学习和激励使教师获取新的知识和能力；提高教师的沟通能力、增强教师沟通的主动性，进而通过沟通整合教师能力；通过沟通营造一个浓厚的科研创新环境，达到持续创新的目的，最终形成科研核心能力。

（三）科研管理者成功管理的重要手段

高校科研管理部门是通过各种途径将信息和任务传递给教师并使教师理解和执行的。如果沟通不畅，教师就不能正确理解和执行，科研工作就不能按计划进行，最终可能导致工作混乱。此外，有效的管理沟通可以实现学校教师对管理工作的充分参与，发挥激发教师潜能的作用。

（四）建立和改善人际关系

管理沟通的目的除科研创新外，还有一个作用是学校科研管理部门与教师以及教师之间通过沟通和情感的交流，改善相互之间的关系。信息沟通、意见交流，将许多独立的科研人员、科研团队、科研单位贯通起来，成为一个整体。信息沟通是人的一种重要的心理需要，是人们用以表达思想、感情与态度，寻求同情与友谊的重要手段。通过沟通可以协调人际关系，传达校园文化和精神，创造有利于科学研究的氛围，鼓舞教师的工作和创造热情。畅通的信息沟通，可以减少人与人之间的冲突，改善人与人、人与团队之间的关系。

二、高校改善科研管理沟通环境的策略

（一）明确目的，制订计划

科研管理沟通不是为了沟通而沟通，而是达到特定目的的一种手段。无论是正式严肃

的书面沟通还是轻松随意的口头沟通，无论是从上而下的沟通还是从下往上的沟通，或是同级管理者及同级教师之间的沟通，无论采取何种方式，达到何种目的，管理者首先要明确沟通的主要目的。目的不明确，信息就得不到准确良好的组织，沟通就会无的放矢。确定了沟通目的，还要制订相应的沟通计划，包括沟通哪些信息、跟谁沟通、用什么媒体或方式沟通、什么时间沟通、沟通过程怎样进行。

（二）建立两级管理沟通体系，减少沟通环节

现行的管理体制中分多个层次，包括学校、学院、系部、教研室（或研究室）等，这种体制在管理沟通中存在"沟通环节多、信息损失大"等问题。为了减少沟通环节，在学校的科研管理上可实行两级管理制度，即常规科研信息由学校科研管理部门公布在校园网上，并传达至学院，由学院科研秘书通知到本院每一位教师，教师可以通过校园网全面、准确地了解科研信息的详细内容；对于特殊科研信息，学校科研管理部门可根据信息涉及的范围直接通知到有关人员。这既保证了沟通的及时性、准确性，又降低了管理沟通的成本。同时，信息反馈的环节也随之减少，学校科研管理部门可以建立良好的信息反馈渠道，形成有效的双向性沟通。通过校园网信息发布、科研秘书通知以及科研简报等多种形式的结合，又形成了有效的重复性沟通和综合性沟通。

（三）构建学术交流平台，促进学科交叉与融合

由于科研单位之间缺乏有效的凝聚机制，所以科研单位不能自然形成较高程度的沟通与交流，更谈不上交叉与融合。学校在这样一个特殊阶段，应努力提供良好的沟通与交流环境，推动学科之间的碰撞与融合，培育交叉学科的形成。

（四）召开多种形式的座谈会，拓宽信息反馈渠道

科研管理部门进行较高层次科学研究管理，在经验、方法以及协同攻关等方面都尚需提高。因此，学校应召开多种形式的座谈会，多角度进行沟通，集思广益，提高科研管理效率。

第四章 高校科研绩效考核的激励动力

第一节 高校人力资源与人力资源管理

一、高校人力资源的内涵与特征

（一）人力资源的内涵

人力资源是资源的一种具体形式，资源是"资财的来源"。在经济学上，资源是为了创造物质财富而投入生产活动中的企业要素。当代经济学家把资源分为几类，即自然资源、资本资源、信息资源、人力资源。其中，人力资源是生产活动中最活跃的因素，也是一切资源中最重要的资源，因此被经济学家称为第一资源。

那么究竟什么是人力资源？对于人力资源的含义，学者们给出了很多不同的解释，但主要是从人的角度出发和从能力的角度出发进行的解释。例如，从人的角度出发认为，所谓人力资源，就是指人所具有的对价值创造起贡献作用，并且能够被组织所利用的体力和脑力的总和；从能力的角度出发认为，所谓人力资源，是指能够推动整个经济和社会发展的劳动者的能力，即处在劳动年龄的已直接投入建设和尚未投入建设的人口的能力。

人力资源能作为社会财富的源泉，其关键正是因为人本身所具有的知识、能力、经验和体能等要素发挥了作用。所以，人力资源就是指人所具有的在社会组织财富创造过程中起到决定作用，并且能够被利用的体力和脑力的总和。这个解释包括以下几个要点：

①人力资源的本质是人所具有的脑力和体力的总和，其本质是劳动能力。这种能力是创造社会财富的源泉，也是一种在社会和组织中的人所具有的创造财富的能力。

②人力资源的能力表现为数量和质量，两者缺一不可，但人力资源的重点在于质量。也就是说，人所具有的知识、技能、能力和经验是人力资源中最为重要的因素。

③人力资源不仅能够被国家和社会从宏观层面加以考量和利用,也能被一个具体的企业组织所利用。这里的"组织"既可以大到一个国家或地区,也可以小到一个企业或个体户。

(二) 人力资源的特征

作为特殊的资源形式,人力资源具有不同于其他资源的特殊方面,主要表现在以下五个方面。

1. 能动性

人力资源的能动性是指人是价值创造过程中最为主动的因素,是区别于其他资源的最根本的特征。人力资源具有思想、情感和思维,具有主观能动性、创造性和预先策划性,能够有目的、有意识地主动利用其他资源去推动社会和经济的发展。第一,人力资源的能动性体现在对工作行为的自我强化和自主选择。自我强化是指人力资源可以自发产生爱岗敬业的积极工作行为,或者通过主动接受教育和学习来提升自己的工作效率和工作能力;自主选择则是表现在对职业和具体工作岗位的选择。人力资源在现有市场经济条件下,均能依照自身的意愿进行职业的选择。第二,人力资源还是唯一具有创造性的资源。具体表现在两个层面,一是人力资源会创造性地提出有利于社会和经济进步的想法和具体方法;二是人力资源能够依据环境和条件的变化,及时调整自身的观念和行为。从这个角度来理解,人力资源就是劳动者有目的、有计划地使用自己的脑力和体力。第三,人力资源的能动性还体现在劳动结果的预先策划性,即劳动过程结束时得到的结果,已经在劳动过程开始时存在于劳动者的观念中。例如,建筑师在设计作品前就已经在他的头脑中将其构成。正因为如此,在价值创造过程中,人力资源总是处于主动的地位,是劳动过程中最积极、最活跃的因素。而自然资源则相反,它在价值创造过程中总是被动的,总是处于被利用、被改造的地位。因此,在资源开发和管理过程中,人力资源处于主动地位,其他资源从属于人力资源。

2. 时效性

人力资源的时效性表现在两个层面:第一是从人力资源的载体,即人的角度来看,人力资源与人的生命周期紧密相连。因为人力资源表现为人的脑力和体力,就必须要以人的生命存续为前提,如人力资源的形成、开发、利用均要受到所依附人的生命的长短来决定。人的生命周期一般可以分为幼年、少年、青年、中年、老年五个阶段。由于每个时期人的脑力和体力在质量和数量上存在差异,其各个时期对人力资源的形成和利用自然各不相同。第二是从人力资源的存续时间周期看,人力资源具有期限性和变化性。也就是说,人力资源存续是有一定时间的,如果不加以及时利用或者说在投入生产和创造价值的过程之前是无法发挥作用的,那么,就要尽可能在有限的时间内发挥人力资源的最大价值。

3. 增值性

人力资源与一般资本一样具有投入产出的规律,并具有高增值性。研究表明,对人力资源的投资无论是对社会性还是对个人所带来的收益都要远远大于对其他资源投资所产生的收益。与自然资源相比,人力资源也具有明显的增值性。人力资源是人所具有的脑力和体力,对单个的人来说,人的体力不会因为使用而消失,只会因为使用而不断地增强,当然这种增强是有一个限度的。人的知识、经验和技能不会因为使用而消失,相反会因为不断地使用而更有价值,也就是说,在一定的范围内,人力资源是不断增值的,创造的价值会越来越多。

4. 社会性

人力资源的社会性表现为鲜明的时代性、民族性。第一,人所具有的体力和脑力明显地受到时代和社会因素的影响,从而具有社会属性。社会政治、经济和文化的不同,必将导致人力资源质量的不同。第二,在人力资源的社会性中还表现出强烈的民族文化取向。由于人力资源从属于所在民族,受其文化的长期熏陶,自然会形成所在民族认同的价值观。由于每个人受自身民族文化、宗教信仰、教育程度和社会环境影响的不同,其个人的价值观也不相同,因此,这些差异性就表现在人力资源在生产经营活动、人与人交往等的社会性活动中,其行为可能与民族文化所倡导的行为准则发生矛盾,可能与他人的行为准则发生矛盾,这就要求人力资源管理注重团队的建设,注重人与人、人与群体、人与社会的关系及利益的协调与整合,倡导团队精神和民族精神。

5. 可变性

人力资源和自然资源不同,在使用过程中受到外部环境和内部条件的影响,它发挥作用的程度可能有所变动,从而具有一定的可变性。人力资源是人所具有的脑力和体力,它必须以人为载体,因此人力资源的使用就表现为人的劳动过程,而人在劳动过程中又会因为自身心理状态的不同而影响到劳动的效果。例如,当人受到有效的激励时,就会主动地工作,尽可能地发挥自身的能力,人力资源的价值就能得到充分的发挥;相反,当人不愿意工作时,其脑力和体力就不会发挥应有的作用。所以,人力资源作用的发挥具有一定的可变性,在相同的外部条件下,人力资源创造的价值大小可能不同。但是,自然资源则不同,在相同的外部条件下,它的价值大小一般不会发生变化。

(三) 高校人力资源内涵与特征

高校人力资源主要指高校中具有的对实现高等教育办学目标和促进高等教育事业进步和发展起贡献作用，并且能够被高校所利用的体力和脑力的总和。作为一种高校的核心与稀缺资源，高校人力资源的载体主要表现为以教师为主体的教职工。高校人力资源具有以下四个特征：

1. 知识与创新性

高校教师作为技术与知识密集的特殊"企业"，其核心是理论与技术创新（科研）、传道授业解惑（教学），而从事这类工作的人力资源必须是高素质的，拥有高素质的人力资源是高校发展的关键所在。因此，高校集聚了大量的高学历、高职称人员。同时，这些高学历、高职称的教师与彼得·德鲁克定义的知识型员工相符，德鲁克认为知识型员工是属于那种掌握和运用符号和概念，利用知识或信息工作的人。与一般的员工相比，知识型员工的工作积极主动性强，并不满足被动地完成一般性事务，而是尽力追求完美的结果。最为重要的是，知识型员工从事的不是简单重复性的工作，而是在易变和不完全确定的系统中充分发挥个人的才干和灵感，推动技术的进步。通过对比，不难看出高校教师属于典型的知识型员工，他们并不是单纯地学习了很多知识的人，而是能通过知识从事教育培养和科研创新工作的人。

2. 需求多样性

高校教师作为典型的知识型员工，他们除具有一般人力资源的物质需求之外，还更加注重对精神需求、自身价值实现的需求。一方面，高校教师对事业都有比较执着的追求，他们不仅对学生有着为人师的情怀，也是科研工作的支柱力量。在教学和科研中大多数教师都希望发挥自己的特长，干一番轰轰烈烈的事业。许多教师并不完全看重物质世界的诱惑，更看重的是学生、学校、社会的认可和尊重。另一方面，教师所拥有的专业特长、良好的教育、积极的民主参与意识，自然会促使教师个体在实现自我价值方面展开激烈的竞争，提升、职称的晋级、科研项目的争取、进修机会的获得等各种各样的激励因素，都会在教师队伍中产生积极的影响。因此，针对高校人力资源来说，要关注其物质需求，更要关注其精神需求，满足他们期望能获得他人、组织及社会的认可和尊重的需求。

3. 时效性和可再生性

第一，就高校人力资源的使用方面而言，具有极强的时效性。即使高校教师获得了较高的学历、职称或者研究成果，但是如果不能与时俱进进行知识更新和成果创新，那么他的价值就会不断贬值。同时,任何一种资源,不管是"储而不用",还是操作使用,都会发生一定程度的损耗。尤其是知识和能力如果一直"储而不用",其损耗更为严重,最终会导致退化或消弭。第二,高校人力资源具有明显的可再生的特性。例如,高校人力资源可以通过培训、学习、社会实践等方式对消弭或者退化的知识和能力进行修复或者再生。同时,也可以通过维护、补充等方式慢慢提高体力和脑力水平。

4. 无序与难以衡量性

第一,高等学校是一个有序的"混乱"组织。高校不同于国家机关,也不同于企业。由于高校的学术劳动力本身有很强的独立性和自我意识,因此他们可以很大程度上在时间和意志等方面享受自由。正因为如此,对高等学校的学术劳动力(教学和科研群体)的管理就不可能非常有秩序。第二,高校教师的劳动过程和劳动成果难以用精确的尺度去评估。与其他工作不同,高校教师的教学和科研水平在创作过程中是无形的,没有固定的劳动步骤或规则,所以也无法精确地计算他们的成果。

二、高校人力资源管理内涵及特征

(一) 人力资源管理的内涵

人力资源管理也称人事管理,这一概念是彼得·德鲁克(美国,现代管理学之父)在1954年人力资源的概念之后出现的。有的学者从人力资源的目的出发,认为人力资源管理就是通过各种技术方法,有效地运用人力资源来达成组织目标的活动,认为为完成管理工作中涉及人或人事方面的任务所需要掌握的各种概念和技术就是人力资源管理。有的学者则从人力资源管理的过程或承担的职能出发来进行解释,把人力资源管理看成负责组织人员的招聘、甄选、训练及保持等功能的活动,以达成个人与组织的目标。但多数学者主张应该从目的、过程等方面出发综合地进行解释。例如,有学者认为人力资源开发与管理是指运用现代化的科学方法,对与一定物力相结合的人力进行合理的培训、组织与调配,使人力、物力经常保持最佳比例,同时对人的思想、心理和行为进行恰当的诱导、控制和协调,充分发挥人的主观能动性,使人尽其才、事得其人、人事相宜,以实现组织目标。

现代组织的人力资源管理就是指组织通过各种经济、行政等管理手段,以达到吸引、保留、激励和开发员工,进而促进组织战略或经营目标得以实现的管理活动。可见,人力资源管理的内涵包括两个层面的内容:第一是人力资源管理必须充分有效地运用各种经济、行政等管理手段才能达到人力资源管理目标,如薪酬福利、绩效考核、劳动关系管理等；第二是人力资源管理的功能是吸引、保留、激励和开发员工。这些功能发挥作用的前提是通过研究和制定调整人与人之间关系的利益的制度、调整人与事组合的依据、开发人力资源潜力的工具、提高工作效率和效益的手段以及实现人力资源管理效益的方法和技术来实现。

（二）人力资源管理职能

关于人力资源管理职能的界定，国内外学者也有不同的观点。美国人力资源管理协会将人力资源管理的职能划分为六种，即人力资源规划、招募和选择，人力资源开发，报酬和福利，安全和健康，员工和劳动关系，人力资源研究。而美国培训和开发协会（American Society for Training and Development，ASTD）将人力资源管理的职能划分为九种，即组织和工作设计、人力资源规划、人员选择和安排、人事研究与信息系统、报酬和福利、员工帮助、工会/劳动关系、培训与开发、组织开发。

综合考察各种划分方法，将人力资源管理的基本职能概括为八个方面，即职位分析与评价、人力资源规划、招聘与甄选、培训与开发、绩效管理、薪酬福利管理、员工关系管理、职业生涯管理。

（三）人力资源管理职能之间的关系

人力资源管理的基本职能不是彼此割裂、孤立存在的，而是相互联系、相互影响，共同形成一个有机的系统，如图4-1所示。厘清人力资源管理各职能之间的关系，有利于对人力资源管理知识系统的把握。

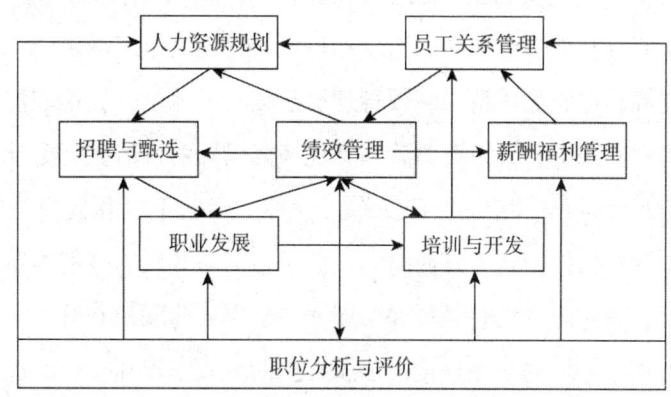

图4-1 人力资源管理职能的关系

在整个人力资源职能系统中，职位分析与评价起到了平台和基础的作用。首先，职位分析为人力资源规划、招聘与甄选、培训与开发、薪酬福利管理等提供了信息支持。组织为了发展的需要还必须依据职位分析结果中的各种任职资格要求对新招聘的或已不能胜任工作岗位、技术和环境要求的老员工进行技术培训和潜能开发。其次,职位评价对人力资源规划、培训与开发、绩效管理、员工关系管理起到监督和调适作用。通过职位评价可以对部门和岗位的工作绩效做出直观判断,分析出组织工作绩效低的原因,找出提高组织工作效率的途径。

人力资源规划既是工作分析在人事管理中的具体体现,也是招聘和绩效管理、薪酬福利管理的依据。第一,人力资源供需预测的结果可为招聘和解聘提供数据支持。通过比较组织现有员工的数量和所需员工的数量,就可以确定招聘或解聘需求,制订出合理的计划,保证组织的人员数量。第二,在人力资源规划中,绩效考核和薪酬管理是进行人员需求和供给预测的一个重要基础,通过对员工工作业绩、态度、能力的评价,组织可以对员工的状态做出判断,决定是否对组织职位做出调整,并处理好由此带来的职位空缺、内部提升和内部供给等问题。

招聘与甄选也是人力资源规划的具体运用,它保证了组织人员补充计划的有效实施和新陈代谢正常进行。培训与开发则是人力资源管理职能体系中的连接点,与其他各职能间建立了承上启下的关系。一方面,培训与开发是人力资源规划和招聘录用之后必不可少的后续工作;另一方面,培训与开发同绩效管理、薪酬福利管理有着最为直接和紧密的联系。培训与开发的目的就在于提高人员对职位的适应度,从而提高组织的绩效,以实现组织的既定目标。员工薪酬福利管理的内容除工资、福利等货币形式外,还包括各种各样的非货币报酬形式,培训就是其中较为重要的一种。最后,从员工关系管理角度来看,培训与开发为各部门员工提供了交流的平台。就部门内部来看,培训与开发通过组织文化教育、发展需求教育等有利于形成共同的追求和价值观,提高组织承诺。

在整个人力资源管理职能体系中绩效管理居于核心的地位,其他职能或多或少都要与它发生联系。在管理实践中,人力资源管理其他职能设置的目的实际上就是更好地实现组织的绩效,达成组织的目标。培训与开发作为一种激励的手段和提高员工技能水平的方法,对于提高组织绩效的作用是不言而喻的,而且培训与开发内容的确定也需要以绩效考核的结果作为基础,只有通过绩效考核和反馈才能确定;薪酬福利管理与绩效管理则有着更为直接的联系,绩效考核的结果直接决定了员工的绩效工资和奖金,这会促使员工自觉地提高效率;通过员工关系管理,可在组织中建立一种融洽的氛围,增强团队或部门间的协作,进而有助于绩效的提升。此外,职位分析制定出的职位说明书为员工树立了明确的目标,指明了努力的方向。职位说明书还明确了职权和责任,这可为绩效考核和绩效改进提供依据。

员工关系管理职能的发挥也离不开其他职能的作用。第一，组织的员工关系可以通过培训与开发和薪酬管理制度的完善而得到改进；第二，员工关系的改善可提高组织的凝聚力和员工的忠诚度，从而降低招聘的难度，降低招聘和培训成本，减少招聘和培训工作量；第三，翔实的职位说明书和科学的人力资源规划是员工关系管理中对员工的职业生涯进行设计和管理的基本前提，没有职位分析和人力资源规划就无法将个人目标和组织目标的关系建立起来。

（四）高校人力资源管理的内涵

高校既是人才的培养者，也是人才的使用者，还肩负着培养各级各类人才、全面提高劳动者素质的历史使命。因此，高校要适应当今经济和社会发展的客观要求，就必须高度重视人力资源的管理。同时，高校人力资源的特殊性决定了高校人力资源管理更多地是为了激发高校教师的活力和创造力，所以高校人力资源管理应该是通过各种政策、制度和管理实践，以吸引、保留、激励和开发教师，调动教师的工作积极性，充分发挥教师潜能，达到事得其人、人适其事、人尽其才、事尽其功，进而促进高校办学目标实现的一项管理活动。对于高校人力资源管理者而言，高校人力资源管理的任务是根据学校发展目标要求，充分挖掘各方潜力，建设一支爱岗敬业、业务水平高、结构合理、数量适当、充满活力的教职工队伍。因为建设好教师队伍不仅是完成学校各项工作任务及提高学校办学质量和办学效益的主要保障之一，也是发挥高校人才密集的优势，提高高校教师的积极性，加快培养适合新经济需求的人才的新课题。

第二节　高校科研绩效考核的激励动力

一、高校科研绩效考核的内生动力

（一）内生动力的内涵与作用

高校科研绩效考核的内生动力表现为驱动高校科研管理活动的主导因素，主要包括高校对办学效益最大化的追求、高校内部治理模式的管理创新精神、高校教师发展需求等。

高校科研绩效考核的内生动力产生于高校参与高校间竞争以及参与社会资源配置进行自我发展的内在需要。内生动力的推动直接决定着高校科研绩效考核行为的有无和成败，其作用是最关键的。高校科研绩效考核的内生动力是科研绩效考核行为产生的基础和根源，贯穿于科研绩效考核活动的始终，发挥着永恒的动力作用，如图4-2所示。高校在通过科研绩效考核满足科研管理和教师发展需求的过程中，可能获得丰厚的科研绩效和高校间的相对竞争优势，这就构成了高校科研绩效考核的内在动力。高校一旦形成这样一种普遍的心理状态，形成共同的价值观，就蕴藏了强大的科研绩效考核动力，能够促进高校科研绩效考核的实现。但高校能否形成科研绩效考核动机并采取绩效考核行为，即能否形成一种高校内在的科研绩效考核动力，在根本上决定于高校决策者和考核对象能否在这种利害权衡中做出正确的抉择。而内生动力作用的结果就是促使高校内部把考核需求转化为科研绩效考核行为，因为仅仅停留在考核需求的层面，还不能转换为采取绩效考核的实际行为，更谈不上考核目标的达成。

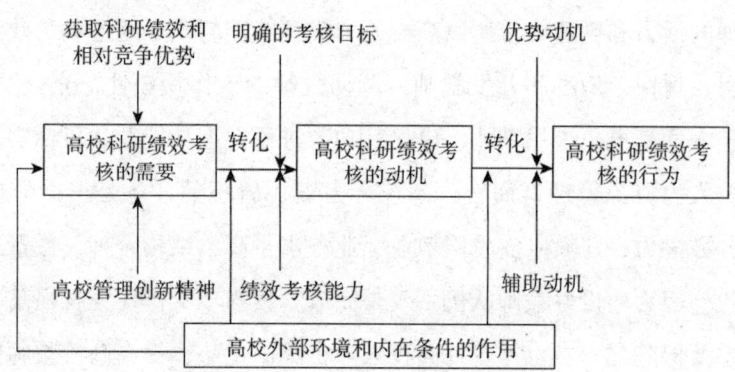

图4-2 高校科研绩效考核内生动力作用示意图

（二）内生动力的两种需求

1. 获取高校科研成果

高校科研绩效考核是高校出于获取科研成果，并在对与科研绩效有关的教师、科研投入、社会需求等变量进行分析预测基础上做出的理性选择。高校科研绩效考核是决定高校科研管理能否成功的起点和关键。考核与否的基本判断标准就是看科研绩效考核能否为高校实现预期成果。从高校层面研究科研绩效考核的预期成果是一个典型的微观经济学问题，体现了高校科研投入与产出的结果。同时，高校进行科研绩效考核，不仅是为了追求新科研成果的过程，也是为了发展和保持高校进行科学研究的能力，从而保证其在高等教育体系中的强者地位。第一，高校作为人才培养的主体，教师的科研能力直接决定人才培养的质量。通过实施科学有效的科研绩效考核，不仅能够激励教师积极投入科研活动中去，还能实现科研反哺教学。第二，高校作为社会技术创新主体之一，进行科研绩效考核能够刺激高校产生大量的技术创新成果，从而履行高校社会服务职能。高校是否进行技术创新，主要取决于对技术创新成果所带来的巨大利益的驱动。在当前的市场经济环境下，高校科研经费的获取与科研成果的产出直接关联，为了更多地产出高质量的技术创新成果，高校自然要采用有效的激励手段。因此，研究高校科研绩效考核的动力问题也就与研究高校科研创新的成果分不开。第三，当高校综合评价、高校教师的发展、教师的薪酬与科研成果产出间建立起有效的互动机制后，实施科研绩效考核就成了参与科研活动各个主体的内在需求。总之，高校科研绩效考核的内在根本需求就是通过预期科研成果保证和维持高校科研发展的需求。高校科研成果是高校通过绩效考核所能获得的各方面的满足，它是高校办学成果的重要组成部分。高校对科研成果追求的过程就是科研绩效考核的实现过程，即科研绩效成果的大小具有诱导和进一步激励高校从事技术创新采纳的双重驱动功能。

2. 大学内部治理的创新需求

众所周知，大学作为独特的学术组织，一个很重要的使命便是学术创新，在创新中培养人才、提供科研产品和智力服务。大学怎样才能实现创新使命呢？毫无争议的答案是必须激发大学教师的创造激情，没有这一点，学术就难以创新。只有当大学教师潜心于学术研究时，其创造激情才可能被激发；而只有当大学实现治理时，大学教师才能潜心于学术并致力于创新。因此，大学治理是学术创新的重要条件。

大学治理模式的设计与选择是一个系统因素作用的结果，绝不是大学内部孤立的行为。一方面，要受到大学历史传统的影响，即要保持大学文化的基因与符号；另一方面，要受到所处时代的社会政治、经济、法律等方面的影响，特别是大学治理模式还表现为明显的国家性差异。中国大学的治理具有典型的"中国特征"。中国大学内部治理结构及其模式的最显著特征就是政府对大学内部治理的影响与作用极其深刻，在政府的作用和影响中，政府的政策与法律一样具有强制性，其约束力不亚于法律，它一直是引导我国大学治理变迁的主要力量。改革开放以来，高校治理不仅理顺了政府、社会、大学的三者关系，而且大学的办学自主权得到明确，并进一步确立中央与省、自治区、直辖市的"分级管理""分级负责"的教育管理体制。在大学内部确立了党委领导下的校长负责制领导体制，大学校长是上级党委任命的，并不是选举产生的。同时，大学的人事管理制度、财务管理制度和分配制度以及后勤服务制度也相应进行了全面改革。这一阶段，人事与分配制度的改革则成为这个时期大学治理改革的重点和难点。特别是中国的大学教师仍然按照国家"事业编制"人员进行管理，这是一个"准公务员"的体系，这个体制意味着工资部分参照公务员的标准。但办大学关键在人，关键在教师。全面调动教职员工的积极性，充分发挥全校教职员的能力与潜能，是大学治理的使命和诉求。

二、内生动力需求转化为动机的条件

高校科研绩效考核动机是在管理创新需求基础上产生的，但需求并不必然产生动机。需求转变为动机有三个条件：

第一是需求达到一定强度产生满足需求的愿望。高校科研绩效考核内生动力需求的强烈程度主要取决于高校内外条件和环境的状况，如高校的外部环境中科学技术进步、社会需要或政府推动程度、高校间竞争和政府政策等因素的变化情况，都会影响到高校科研绩效考核内在需求的强度。

第二是需求对象（目标）即科研绩效考核目标的确定。高校科研绩效考核的成果需求和管理创新精神需求的强度达到某种水平以上，才可能成为动机并引发高校管理者的决策行为。当高校管理者或决策者的管理创新需求处于萌芽状态时，它以不明显的模糊形式反映在高校决策者的意识中，产生不安之感，这时高校决策者的管理创新需求以意向的形式存在着。当高校科研绩效考核需求增强到一定程度而又未能满足时，心理上就产生一种紧张状态，高校决策者也明确地意识到通过什么手段可以解除这种不安与紧张状态，这时，科研绩效考核需求就转化为管理创新驱动力。但管理创新驱动力只反映了高校决策者的心理需求，由于没有明确的科研绩效考核对象（目标），所以这种驱动力没有方向，还不是动机。在遇到能满足高校发展目标和精神最大预期需求的管理创新目标，并且展现出达到目标的可能性时，这种驱动力就有了方向，以驱动力形式出现的科研绩效考核需求就变成动机，推动高校决策者去进行科研绩效考核活动。

第三是高校必须具备一定的管理创新能力。管理创新能力是开展科研绩效考核活动并实现考核目标的基础。一方面，从管理创新能力的角度来看，管理创新能力与管理创新动力之间存在一种必然的内在联系。根据科研绩效考核活动的要求，高校决策者和管理者必须具备相应的人力资源管理的规划、选拔、甄选、评价、决策等能力，这些能力是科研绩效考核活动得以进行的现实基础。高校在进行科研绩效考核活动之前，会对自己所拥有的技术创新采纳所必需的人力、资金、物资、信息等资源进行估计，对自己的管理创新决策能力和创新组织能力进行评估，并将自己拥有的管理创新资源与能力同其他高校比较，判断管理创新成功的可能性和可能获得的竞争优势，以决定是否进行管理创新活动。另一方面，从绩效考核风险的角度来看，高校对科研绩效考核风险的认识会影响到其对考核成功率的预期，进而影响其考核动机。高校科研绩效考核活动面临诸多不确定性，如科研活动本身的不确定性、科研成果转化的不确定性、教师自身科研投入和水平的限制性、教师对科研绩效考核的质疑等。这些科研绩效考核过程中的不确定性，使科研绩效考核行为具有较大的风险，这可能导致高校绩效考核的内在动力不足。因此，高校科研绩效考核的动机是在内在需求和外部诱因共同作用下产生的。

三、高校科研绩效动机与行为的关系

（一）高校科研绩效考核行为的三个层面

高校科研绩效考核行为是高校内部行为个体、行为群体、行为组织层面的科研绩效考核需求得到强烈激发后，由科研绩效考核动机转化而成的。根据组织行为学理论，高校行为由个体行为、群体行为、组织行为三个层次组成。不同层面的行为主体不仅存在着考核需求与动机的差异，也存在着群体间的冲突与协同的问题，而且组织状况也直接影响个体或群体的采纳行为。因此，高校科研绩效考核的行为主体也相应地表现为个体层面、群体层面、组织层面的不同特征。

第一，高校中每一名教师均有各自对科研绩效考核的认知、需求、动机等，通过对个体科研绩效考核心理行为差异的研究，可以达到激发科研意识、提高科研能力，从而保证高校科研绩效考核行为的产生。

第二，高校中教师都是在一定的工作群体中通过与他人协作配合来参与和完成各项科研工作的。

第三，高校科研绩效考核过程中，由于高校目标的约束力和教师与高校的双赢性以及高校内部的凝聚力和向心力，都会形成高校组织层面上的高校自主能动性的选择行为。高校组织层面的自主能动性和统一性是高校绩效考核得以顺利实现的根本保障。

高校科研绩效考核行为是高校在推进高等教育综合改革过程中有目的的制度活动。它包括科研绩效考核需求、动机在高校内部各层次考核行为主体上的表现。然而，高校是一个由不同特点的人组成的集合体，高校的科研绩效考核过程及结果最终只能由参与其考核活动的人的行为来说明和完成。因此，大学校长、科研管理人员、教师等都是科研绩效考核过程中最根本的行为主体，他们分别扮演高校科研绩效考核的决策者、执行者、控制者

的角色。而高校科研绩效考核过程中所涉及的决策部门、科研管理部门、教学和科研部门以及各种管理职能部门则是由现实中的科研绩效参与个体以一定的工作方式或形式组成的群体，这些不同的参与群体组成一个科研绩效考核共同体——考核高校。

（二）优势动机与辅助动机

如前所述，对一所高校而言，即便存在某种科研绩效考核需要也不一定产生某种动机。同样，有某种科研绩效考核动机不一定就会产生某种科研绩效考核行为。在高校科研绩效考核实际活动中，高校科研绩效考核需要总是多种多样的，各种需要会形成一定的需要结构。不同的行为主体有不同的需要结构，同一个行为主体在不同企业发展阶段也会有不同的需要结构。例如，新办院校及初创期的高校科研绩效考核需要结构有别于成长期的需要结构，成长期的科研绩效考核需要结构也不同于成熟期的需要结构。不同的科研绩效考核需要结构必然导致不同的科研绩效考核动机结构。一个高校往往同时存在着各种各样的科研绩效考核动机，而且会有矛盾和斗争，以一定的相互关系构成动机体系。动机体系中，各个动机的强度不同，同一个高校在高等教育体系的定位和所扮演的角色也不同。有的动机比较强烈而稳定，如科研成果最大化。而另一些动机比较微弱而不稳定，如提升高校影响力、树立社会良好形象等。那种最强烈而又稳定的动机，叫优势动机，其他动机叫辅助动机。

（三）考核动机与行为的关系

高校科研绩效考核动机与行为之间有着非常复杂的关系。从个体层面看，大学校长、科研管理人员、教师等个体行为会因个人因素的不同在环境的作用下产生不一样的结果；从群体层面看，也会因部门利益及任务目标的不同产生差异；从组织层面看，不同高校科研绩效考核行为也会因自身条件不同在面对不同的环境刺激时产生不同的考核行为。也就是说，科研绩效考核动机与行为之间的关系是不完全确定的对应关系。具体表现为如下四种关系：

第一，同一科研绩效考核动机可以引起多种不同的考核行为。例如，高校欲进行科研绩效考核，这种动机可能在不同的决策者身上引起不同的考核行为：一是严格考核，坚持高标准、严要求；二是宽松考核，考核标准较低，对教师几乎没有任何触动。

第二，同一科研绩效考核行为可能出自不同的考核动机。例如，高校为完成聘期考核、职称评聘等具体人事工作要求。一是为了追求丰厚的科研成果和科研经费；二是为了提高高校影响力，提升学校排名；三是为了树立企业社会良好形象，承担社会责任。

第三，同一种科研绩效考核行为可能为多种动机所推动。例如，大学校长的科研绩效考核行为很积极，分析一下他们的考核动机，其中有获取科研成果的动机，有想提高办学业绩争取更多经费支持的动机，也可能是为了满足内心管理创新偏好的精神需求等。

第四，合理的科研绩效考核动机可能引起不合理的甚至错误的行为。有的科研绩效考核的动机是好的，但由于考核的方式不得当，激进的考核方式与渐进的考核方式没有很好地与内外部环境匹配，导致高校内部教师产生抵触情绪或者失控的局面。

第三节 高校科研绩效考核的外部环境

一、政治、经济、社会文化、科技环境

（一）政治环境

政治环境主要包括一国的政治局面、政府的管理方式以及政府的方针、政策等对高校科研绩效考核所产生的积极影响力。政治局面的稳定性、政府对高校的管理方式、政府制定的对高等教育管理的方针政策等，均会对高校内部管理过程产生影响。但不同的政治因素产生的作用方式是不同的。对于单个高校来说，政治环境一般不能直接作用于其内部的高校管理过程，但是能直接影响到整个高等教育系统，进而影响到作为高校子系统的科研管理系统。政治局面的稳定是高校生存的必要条件，动荡的政治环境必然会导致高校无法正常地运转，进而危及高校的生存。高校的发展状况必然也会影响到其自身的高校科研管理活动，从高校系统的内部来看，有效的科研管理活动是高校正常运转的前提之一，它的逆命题也同样成立，即发展良好的高校可以给科研管理活动提供相对较大的空间和较多的支持，而状况不佳的高校在进行科研管理活动时就会受到很多限制。

与政治局面相比，政府对高等教育的管理方式和方针政策的作用方式相对就要直接一些，因为这些都是针对高校而言的，能够直接影响甚至决定高校科研绩效管理过程的很多方面。对于政治环境的影响，可以从纵向和横向两个角度来进行分析。纵向的影响主要体现在政府管理方式及高等教育政策的连贯性和延续性方面。政府对高校管理的深度和持续性，是决定高校管理创新积极性的关键所在。只有政府充分尊重高校办学自主权，高校的

办学权益得到充分保障，大学校长的治学理念得到有效落实，才能激发科研绩效考核的动力。

高等教育政策是一国政府为了影响或者改变高等教育的速度、方向和规模而采取的一系列公共政策的总称。从根本上来说，高等教育政策是一个政策体系，是一个国家为促进高等教育活动、规范高等教育行为而采取的各种直接和间接的政策与措施的总和。考核评价是高校教师选聘、任用、薪酬、奖惩等人事管理的基础和依据。考核评价政策是调动教师工作积极性、主动性的"指挥棒"，对于新时期高校推动教学改革、提高教育质量、坚持正确科研导向、促进科研成果转化、开展创新创业和社会服务，具有全局性和基础性影响。完善教师考核评价制度是当前和今后一段时期深化高等教育综合改革的紧迫任务。坚持问题导向推进改革。近年来各地各高校积极探索教师考核评价改革，在教师分类管理、考核指标体系建立、评价机制创新、强化聘期考核等方面做了有益尝试，积累了不少经验，但仍然存在教师选聘把关不严、师德考核操作性不强；考核评价缺乏整体设计，对教师从事教育教学工作重视不够、重数量轻质量的情况还比较严重；考核评价急功近利，考核结果的科学运用有待完善等问题。必须通过深化改革，有针对性地加以解决。坚持考核评价改革的正确方向。以师德为先、教学为要、科研为基、发展为本作为基本要求，坚持社会主义办学方向，坚持德才兼备，注重凭能力、实绩和贡献评价教师，克服唯学历、唯职称、唯论文等倾向，切实提高师德水平和业务能力，努力建设有理想信念、有道德情操、有扎实学识、有仁爱之心的党和人民满意的高素质专业化教师队伍。把握考核评价的基本原则。坚持社会主义办学方向与遵循教育规律相结合，全面贯彻党的教育方针，以立德树人为根本任务，培养社会主义合格建设者和可靠接班人。同时，各高校要从自身发展阶段和办学特色出发，遵循高等教育规律，探索建立科学合理的考核评价体系。坚持全面考核与突出重点相结合，全面考核教师的师德师风、教育教学、科学研究、社会服务、专业发展等内容，同时针对当前教师队伍发展的突出问题和薄弱环节，进行重点考察和评价。坚持分类指导与分层次考核评价相结合，根据高校的不同类型或高校中不同类型教师的岗位职责和工作特点，以及教师所处职业生涯的不同阶段，分类、分层次、分学科设置考核内容和考核方式，健全教师分类管理和评价办法。坚持发展性评价与奖惩性评价相结合，充分发挥发展性评价对于教师专业发展的导向引领作用，合理发挥奖惩性评价的激励约束作用，形成推动教师和学校共同发展的有效机制。

（二）经济环境

与政治环境相比，经济环境的影响更加直接。作为社会活动组织，高校的运行离不开一定的经济基础。高校作为非营利组织,其发展目标不在于实现经济效益的最大化,而在于实现社会效益的最大化,如实现高校的办学质量、办学水平、社会声望和影响力的最大化等。因为只有实现这些内涵因素的最大化,高校才能不断地提高其核心竞争力,才能拥有充足的生源,才能筹集到更多的资源,才能保证其自身再生产流程的循环往复。而在现实中,这些目标必然会刺激许多高校偏重社会效益,不计投入与产出,全面追求社会声望及影响力的提高。就科研活动而言,有的高校不仅不会去考虑控制与降低科研投入成本,相反,为了实现科研成果数量的累积,会不断加大投入,增加成本,甚至表现出科研成本最大化的倾向。因此,高校外部的经济环境的变化会对高校的科研绩效考核活动产生很大的影响。一方面,市场经济活动的多样性使高校的科研活动也呈现出多样性的特点,除各级政府部门投入为主的纵向课题的研究任务外,还有与高校外部企业联合的横向课题研究。前者注重项目结题成果的验收,而后者则更看重所带来的市场效益。另一方面,经济环境的竞争导致高校间的竞争愈发激烈。在市场经济环境下,高校间面临着师资竞争、办学经费竞争、科研项目竞争、生源竞争等问题,尤其是经费紧张的状况十分突出。为了能在激烈竞争的市场经济环境中发展壮大,实现社会效益和经济效益双赢,高校科研管理必须适应市场经济条件下高校管理的要求,不断进行改革和创新。

经济全球化对我国高等教育的最直接的影响在于促进了我国高等教育的国际化进程。其中之一便是引发了人才的国际流动。人才的国际流动其实质便是人才在全球范围内参与竞争。人才在世界范围内的竞争本质上也就是高校品牌的全球竞争,如何在世界范围内树立自己的品牌,创立特色,便成为高校决策者必须予以高度重视的现实问题,因为这已经关系到高校自身的生存环境问题。经济全球化会对我国高等教育市场带来很大的影响和冲击。

(三) 社会文化环境

文化是一个十分复杂的现象,从广义上讲,它概括了人们在社会历史实践中所创造的所有物质财富和精神财富。每一个社会都有和自己社会形态相适应的社会文化,包括一定的态度和看法、价值观念、道德规范以及世代相传的风俗习惯等。社会文化环境对高校科研绩效考核活动的影响,源于对大学文化的影响。大学文化是大学在长期办学实践的基础上,经过历史的积淀、自身的努力和外部环境的影响,逐步形成的一种独特的社会文化形态。它以"大学人"为主体,以知识及其学科(专业)为基础,主要凝聚在大学拥有的深厚的文化底蕴之中,是大学精神文化、物质文化、制度文化和环境文化的总和,是大学作为人类社会知识权威的文化基础,是人类先进文化的重要组成部分。大学文化是大学核心竞争力之所在,主要包括凝聚力、教育力、创造力和影响力,是大学赖以生存、发展、办学和承担重大社会责任的根本。

我国正处于社会转型期,社会发展的不平衡、社会生产方式的转变促使我国文化领域正在发生广泛而深刻的变革,社会文化在转型中也影响着高校的变革。一方面,世俗文化与市场伦理将高校内部的教育与管理异化为功利主义的人才培养模式,这是转型期的社会文化对高校内部管理产生的最显著的负面影响,特别是使单纯的科研管理沾染了浓厚的市场味道;另一方面,高等教育在走向大众化的同时,也暴露出了发展效率与发展品质之间的矛盾。规模、层次的快速扩张,使得高校的资源配置与制度建设无法保持同步。高校教师队伍建设长期滞后于学校的发展,高校的教学改革滞后于知识传播方式的变革,高校科研考核落后于教师发展和高校办学定位的转型等诸多问题,在客观上加剧了高校内部管理的矛盾,削弱了高校凝聚力。社会文化与大学文化是相互联结、相互渗透、相互制约的系统与子系统的关系。大学文化虽然是构成社会文化系统的要素之一,但也是一个相对独立、相对稳定的子系统。这个系统并不是封闭的,在其形成和发展过程中是开放的、动态的系统。社会文化是校园文化系统的十分重要的输入来源,而且这种输入也不总是强制性的,大学文化总是要主动地选择和吸收社会文化中对其有益、能为其所用的东西。大学文化的地位决定了它必须与社会环境相适应,它的发生、发展都受到社会文化的制约和规定。社会文化在一定程度上影响着学校的办学方向、发展目标、人才培养的规格、教师队伍的管理方式等内容。这就是社会文化对大学文化强有力的渗透作用。社会文化是大学文化的源泉,大学文化与社会文化相脱离,就会成为无源之水、无本之木,大学文化能给社会文化以丰富的营养,促进社会文化的发展。但是,不管它们如何相互渗透,都是在二者对立统一的矛盾运动中实现的。从这两种文化形态各自的主体来看,每一种文化形态都含有自己的对立面,都不能把外在的对立转化为自身的内在对立。社会文化是社会的主文化、大文化、起主导作用的文化,大学文化是置身于社会文化大背景下的一种独具特色的亚文化,属于社区文化的范畴。二者的不同之处在于,一是从形式上看,大学文化与社会文化范围不同。大学文化表现于学校内部,本质上是社会文化领域中的一个局部的特殊文化形态;社会文化是存在于社会各个领域的一般文化。二是从内容上看,大学文化与社会文化的活动方式、活动产品不一样。大学文化的活动方式主要是教与学的各个环节及其环境;社会文化的活动方式是社会生活本身,是以物质生产实践为基础的各种各样的实践活动。大学文化的活动产品,同其教学方式、思维方式、科研方式等相适应,主要表现为精神产品，使教师和学生的思想观念和知识水平要达到新的境界；社会文化的活动产品，是实践活动的产物，包括精神产品和物质产品，而且物质产品是其主要的和基本的产品。但这些差别并不影响社会文化与大学文化间的联系，正如大学存在于社会之中一样，大学文化也是社会文化的重要组成部分。社会文化包含大学文化。因此，一般地讲，两者的关系既有部分与整体、局部与全局的性质，又有个别与一般、特殊与普通、个性与共性的性质。综观社会文化与大学文化的联系，社会文化占主导地位，大学文化具有从属性。

（四）科技环境

现代科学技术正在改变高校的运行模式，如学生管理、教学运行控制、财务管理、科研管理、国际关系和决策支持等。科学技术发展的突飞猛进加剧了大学竞争和市场化程度，并使之成为现代大学的两个重要特征。随着数字技术的快速发展，网络已经把世界连接起来，计算机在许多发达国家已经无处不在，发展中国家也日益普及。如何使大学与新技术更加紧密地联系起来？它们应该在多大程度上进行教育和研究或者增加与其他研究者的交流与合作，或者在网络上开设课程扩大听众？

高校是以知识为核心，以知识的生产、传播和运用为主要目标的学术性组织，这一特点也决定了高校的教学、科研和社会服务三大功能目标。不同的组织结构决定组织的不同功能，功能的发挥也将有利于组织结构的完善。高校三大功能目标的逐步确立本身就是环境变迁的结果。科技发展环境的特点也就决定了高校科研功能的变迁，而功能的变迁又直接影响到高校科研管理模式的变化，即高校科研管理组织结构、高校科研管理制度设计、科研产出类型和层次等必将做出相应的调整。其中，高校管理组织结构和制度的调整是核心，起统领作用；高校科研制度的实施是关键，直接关系到科研绩效产出的层次和质量。科技发展环境对高校发展产生的影响主要来自对高校内部科研管理过程产生的压力。其中，科技迅猛发展对高校科研管理产生的最大冲击可能在于科研管理的信息化与网络化对高校管理提出了更高、更严的要求。还有一方面，就是在以知识经济时代为特征的科技发展环境下，高校如何进行实现科研成果的转化，甚至产业化运作？高校主要通过其培养的人才及输出的科学技术成果参与社会竞争，人才的知识结构、能力结构、科学技术的高科技含量无疑在激烈的市场竞争中成为重要的筹码。现有高校内部的科研管理体制能否适应这一全球性的外部环境的压力？如不能，如何进行变革？因此，高校科研绩效考核的动力之一是科学技术自身的发展。因为高校还是技术创新的主体之一，必须承担起推动社会进步的历史责任。同时，科学技术发展水平也决定了高校科研的内容和方式。科学研究离不开科学技术,科技的发展是促使高校科研绩效考核的基础动力。现代科技的飞速发展,迅速改变着传统的生产方式、生活方式和思维方式,产品寿命周期变短,新产品层出不穷,对高校科研活动提出了更高的创新要求,也推动其不断发展。当科学技术的成果积累到一定程度时,会出现主动创造需求的情形,从而推动高校利用技术创新成果完成科研创新活动。科学技术的发展虽然周期较长,可是一旦成功,将会对高校的科研创新活动产生巨大的推动力。

二、市场需求与高校间的竞争环境

(一) 市场需求环境

以美国为代表的主要西方国家高等教育系统已经或正在适应高等教育市场化趋势,学生、教师以及公共资源的竞争已经为大学发展创造了新的动力。大学已经明确了其在高等教育市场中的定位,大学的"商业模式"发展特征已经渗透到地方、国际或全球化合作之中,这不仅包括应用研究,而且包括基础研究。从市场需求的角度来理解高校科研绩效考核,就是要把高校科研绩效考核视为一种为响应和满足市场需求而采取的从科研立项、研发到科研成果推广与应用的过程。在科研立项阶段,响应与满足需求就是通过市场所反映出来的消费需求转化为科研项目需求。从这个意义上讲,制定高校科研绩效考核标准就必须来自高校对外部市场,以及市场背后的消费需求的敏锐反应。如果说在市场经济条件下,一种健全的市场竞争机制将迫使企业不得不走技术创新的道路,那么决定高校在这场竞争中生存的,也同样是高校的科研创新选择能否符合社会消费需求背后带来的创新需求。因此,构成高校科研绩效考核外部压力的第一要素,仍然是"需求更新"即消费需求转化而来的对创新需求的压力。所以,自高校科研绩效考核决策开始,高校关于科研绩效考核的考虑,就得以消费需求为中轴展开。高校科研绩效考核过程,正是从高校对社会需求、行业发展、区域经济发展需求的正确反应开始启动的。

(二) 高校间的竞争环境

如果说市场需求是高校科研绩效考核的原动力,那么高校间的竞争则是高校科研绩效考核的助推器。我国高校间的竞争与市场需求一样在本质上具有自发性,而且已如火如荼,呈"白热化"趋势,高校之间不仅比数量、比质量,而且比资金、比大楼、比大师、比影响力等。但这并不一定意味着竞争可以是混乱的,没有秩序的。在竞争中,竞争主体之间信守一定的规则或者潜在的契约，保障竞争有序进行。高校在竞争之初，受到规则与适应规则的双重约束，但面对不断扩充的资源市场，没有规则、规则失效甚至"潜规则"的状况日益严重，最明显的行为莫过于争抢资源。高校竞争既然是一种基于资源的争夺、占有和利用，是一种获取资源、利用资源、创生资源的系统过程，那么，任何资源都是稀缺的，都是有限的和有益的，当然包括科研经费资源。高校要发展科研就需要占有和消耗经费资源，在竞争中要获胜就必须占有比别人更多、更稀缺、更有效的科研资源，不管从数量上还是从质量上皆应如此。这也是由资源的内在本性决定的。没有科研经费资源的占有，高校就谈不上科研投入，没有科研投入就无所谓科研成果产出，就更谈不上科研竞争力，没有科研竞争力就无法确保高校的地位和影响力。故此可以说，高校竞争因资源而发生，这是竞争的诱发机理；高校竞争也为了资源而存续，这是竞争的直接目的所在，两者都服从于高校的发展，服务于高校的可持续发展。

从理论上讲，每所高校在资源竞争上都应是公平的，包括起点公平、过程公平和结果公平，但事实上很难做到真正的公平。重点大学和非重点大学、中央所属大学和地方所属大学、综合大学和专业院校之间很难站在一个起点上获取资源。即便如此，每所高校仍有自己的资源获取战略。对科研经费资源而言，高校的普遍做法是积极争取财政支持，通过项目形式获取国家和教育部门的经费资助；争取吸收社会资本参与学校科研活动，减少学校对直接科研成本的投入，加大学校科研活动的融资能力；充分发挥学校为社会服务的职能，增强学校造血功能，提高经济实力。其中通行的战略就是用政治资源、体制资源、校友资源、人力资源获取更丰厚的财力和物力支持，这已成为我国教育管理体制下的独特运行战略，也是高校竞争中的一种"潜规则"。对科研人才的获取，高校尤为注重。对人力资源，主要以优厚条件引进人才、留住人才、用好人才；对知识资源，主要是提高学术原创能力，加强自主创新，为社会提供更多更好的服务等。

三、内生动力与外部环境间的互动

（一）内生动力与外部环境的关系

高校科研绩效考核的内生动力与外部环境是推动高校科研绩效考核的内部力量和外部力量，也是内因和外因的耦合系统。其中，内部力量是促进高校主动考核的主要动因，外部力量是促进高校主动考核的条件，外部力量通过内部力量起作用。高校科研绩效考核的内生动力是高校在利用科研能力实现办学目标的过程中，由高校内部产生的推动科研活动开展的力量。它产生于高校参与市场竞争和进行自我发展的内在需要，其实质是高校对科研活动效益最大化的追求。高校在通过科研绩效考核满足社会需求的过程中，可能获得的科研成果和相对竞争优势，是诱发高校科研绩效考核的内生动力，也是市场需求得以牵动高校科研绩效考核的根本原因。

外部环境只是被动地作用于高校，而高校内部的考核动力才是促使高校主动考核的关键动因。高校内部微观系统不同于社会层面的企业间或者企业与其他社会组织间的绩效考核行为。高校决策者的主观价值判断要素，即高校校长对科研绩效考核的主观价值判断（表现为管理创新精神和管理创新偏好），是高校进行科研绩效考核的内部重要动因。高校内部环境要素也是诱发科研绩效考核的重要动因。如果高校校长在科研绩效考核系统中能够促进形成高校科研的整体力量，即产生高校管理的协同效果，科研绩效考核也就有了一个良好的内部环境。这种环境的好坏，直接反映高校水平，是影响高校科研绩效考核得以实现的主要因素。高校科研绩效考核的宏观环境的推动作用，产生了高校获取高校间竞争的驱动力，但是这种驱动力要落到实处，转换成高校科研绩效考核的行为，还必须将科研绩效考核的压力传递到高校内部的每一个教师，这就需要高校内部的推动力。

高校科研绩效考核的内生动力与外部环境的互动过程存在以下四种典型关系，如图4-3所示。

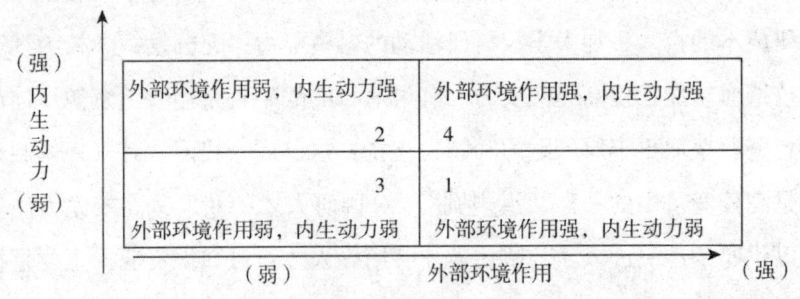

图4-3 内生动力与外部环境的互动作用

1. 外部环境作用强，内生动力弱

此时，高校外部环境提供显而易见而又作用强大的外在性政策和刺激，如科学技术进步与传播、高等教育政策的推行与落实、各种科研创新的财税优惠、高校产权制度的明晰等。但高校内部考核意识薄弱，大学校长管理创新能力不足，或者因为过分看重科研绩效考核的转换成本，从而对考核工作失去信心。

2. 外部环境作用弱，内生动力强

此时的科研绩效考核工作得不到什么外部环境的刺激和激励，但高校内部却感到科研绩效考核是一项对高校而言非常重要而有价值的工作。尤其是高校校长或者高校管理层把开展科研绩效考核工作看作一项获取高校生存和壮大的必然途径，以及实现自我价值的最高体现。

3. 外部环境作用弱，内生动力弱

此时，高校科研绩效考核工作基本上处于一种两难选择，要么选择放弃考核行为，即拒绝考核，要么进行科研绩效考核，但由于考核动力不足，加上考核投入的人力、物力、财力等要素资源受到限制，从而无法有效控制考核实施的效果。

4. 外部环境作用强，内生动力强

此时，高校科研绩效考核进入最佳时机，而且有着充分的内外条件。但是，高校可能会因为对科研绩效考核寄予很高的期望值，而导致无法接受考核过程中各种不确定性所带来的风险和挫折。因此，要保持考核效果和过程的有效性，必须设计完善的实施计划和建立全程控制系统。

（二）内生动力与外部环境互动的两个基本条件

从高校内部看，高校科研绩效考核的内生动力与外部环境产生互动的基本条件包括在内部建立合理的激励机制以及建立一条联系高校内外的信息沟通渠道。

1. 设计合理的激励机制

高校科研绩效考核所要实现的是高校各种生产要素的重新组合，它不仅涉及人与资金、人与物的关系，而且必然涉及人与人的关系。从科研绩效考核行为主体的角度来看，参与到高校科研绩效考核过程中的内部行为主体有三个层面，即一是个体层面的教师、科研管理人员等，二是群体层面的各个部门，三是组织层面的高校行为。高校科研绩效考核的内生动力和环境首先必须要能作用于这三个层面的行为主体，以激发教师将所拥有的知识、技术和信息等资源投入高校科研绩效考核的活动中来。因此，要想诱发高校各个层面行为主体由科研意愿向科研实际行动转化，就要求设计合理的高校激励机制，营造一个能够促进高校科研绩效产生的环境。

高校自主设计的对科研过程参与员工的激励机制，其目的在于调动高校科研绩效考核过程中人的积极性。高校科研绩效考核的本质是一种创造性工作，其关键问题就是根据激励原理，设计一套激励机制以激发教师将所拥有的知识、技术和信息等资源投入到高校科研过程中去。因此，要想激发教师积极投入到高校科研绩效考核活动中去，控制科研绩效考核的效果，就要对高校科研绩效考核目标、奖酬资源、教师考评制度、分配制度等进行合理设计，从而形成一个良性机制。

激励机制的出发点是满足教师个人的合理需要。通过设计各种各样的外在性奖酬形式，并设计具有激励特性的科研工作，从而形成一个诱导因素集合，以满足教师个人的外在性需要和内在性需要。激励机制设计的直接目的是调动教师参与科研活动的积极性，最终目的是实现高校科研绩效考核目标。机制的核心是分配制度和行为规范。分配制度将诱导因素和目标体系连接起来，即达到特定的科研绩效考核目标将会得到相应的奖酬。行为规范将教师的专业、特长、素质等个性因素与科研绩效考核目标连接起来，即规定了教师以一定的行为路径来达到一定的科研绩效考核目标。衡量激励机制的运行好坏的标准是效率标准，而决定机制运行成本高低的是信息沟通的效果。

分配制度之所以成为诱导因素集合与高校目标体系之间的通路，是因为对奖酬资源（诱导因素）的分配是通过分配制度与教师个人完成目标的程度（绩效水平）相联系的，而教师正是通过分配制度看到了自己努力工作后得到奖酬的可能性及其多寡和具体内容的。高校分配行为的分配对象是奖酬资源，其依据是教师完成目标的程度。分配制度分为两条线，一是外在性激励资源的分配制度，简称利益分配制度，以外在性激励资源为分配对象；二是内在性激励资源分配制度，简称工作分配制度，以科研资源为分配对象，主要是给予科研创新性的工作和提供相应的资源。利益分配制度直接沟通外部诱因，工作分配制度直接沟通内部诱因。

激励机制所涉及的信息交流，一方面使高校能及时、有效、准确地把握教师个人的各种需要和科研动机，确定相应的奖酬形式；另一方面，通过信息交流，教师个人可以了解到高校有哪些奖酬资源，以及怎样才能获得自己所需要的奖酬资源。因此，信息沟通是连接教师个人需要与诱导因素的通路。

2. 顺畅的信息沟通渠道

高校科研绩效考核内生动力与外部环境的信息交换过程直接决定了两者相互作用的结果，因此可以通过有效的信息沟通渠道来实现高校内外的交流，及时传递有关信息，以便高校做出正确决策。高校内外信息沟通渠道的畅通需要通过设立合理的信息机构、制定完善的信息制度以及确定信息人来维持。

信息机构是高校科研绩效考核中信息支持活动在组织和管理上的保障。不同的组织形式反映出信息机构在高校中地位的高低，而信息机构在高校中的地位又会直接影响高校信息工作的质量。如果信息机构在高校中的地位较高，那么对提高信息工作人员的积极性无疑是非常有益的，对改善信息服务的水平也是有很大的帮助的。目前高校信息机构的组织形式有以下三种方式：第一种是部门所有式，这种方式是古老的方式，信息不能成为整个高校的资源，只能服务于某一部门，地位极低。例如，学生管理部门、教学管理部门、科研管理部门等各部门间的信息不能共享，常常导致信息重复收集，对教学单位造成很大的工作困扰。第二是部门平等方式，信息资源可为全校共享，但信息处理支持决策的能力较弱。这种方式虽然打破了部门间信息共享的壁垒，但由于缺乏现代信息技术的支持和专业人员的帮助，信息也只能停留在最简单层面的共享，对学校决策层面难以提供系统的分析数据。第三是参谋中心方式，利于信息共享和扶持决策，地位高。现在正在兴起的高校内部信息管理系统就迎合了这种需求。目前，在一些高校已经出现了类似的"评价中心"机构，该机构可以利用先进的软件系统对校内各类信息和数据进行分类统计、分析、整理、诊断，从而为各职能部门提供决策依据。

第五章 高校科研绩效考核激励问题及对策

第一节 高校科研绩效考核激励的问题与成因

一、高校科研绩效考核激励的成效

可以从制度设计和输出层面看高校科研绩效考核激励效果如何。自20世纪90年代末期开始,我国高等教育为实现从精英教育向大众化教育转变的需要,在人事制度层面也相应进入全面深化改革阶段,主要内容包括建立绩效考核与分配制度有机结合的激励机制;将岗位设置管理与聘用制度相结合;初步建立高校职员制度。最为重要的内容就是以绩效考核为核心的人事分配制度的改革,该项改革直接将高校教师的职称评审、收入、待遇、年终奖励、奖惩等与科研绩效考核紧密地结合起来,触动了教师最根本的个人利益。

(一)制度设计体现了"公平与客观"的原则

高校科研绩效考核制度设计体现了"公平与客观"的原则。其中,公平是确立和推行教师科研考核制度的前提。不公平,就不可能发挥绩效考核应有的作用。也就是说,科研绩效考核制度不仅对所有教师提出了一视同仁的考核制度,还明确规定了考核标准,针对客观考核资料进行公平公开的评价,尽量避免掺入主观性和感情色彩;同时,高校科研绩效考核激励制度本身还体现了"按教师实际科研贡献参与分配"的客观原则。高校无论是在社会功能、用人机制还是在资源配置方面都不同于其他行业,特别是在科研绩效考核和收入分配制度方面具有鲜明的自身特点。也就是说,在高校推行绩效工资制度是将教师岗位科研工作职责和内容与绩效联系起来,使教师的收入与相应的岗位、科研业绩和实际贡献相对应,这是符合高校特点的。

(二) 制度设计基本符合了高校教师的职业特点

第一，高校的教师从事科研工作主要是脑力劳动，它是将知识、技术等与活劳动相结合的特殊劳动，具有异质性和创造性。所以，在绩效考核制度设计中提出要坚持定性与定量相结合，过程考核与结果、素质考核相结合的原则。

第二，在教师分配制度中也坚持在按劳分配基础上实行按人力资本生产要素贡献大小分配，这也是高校教师职业特点的综合反映。目前，高校教师薪酬结构主要由岗位、薪级和绩效工资来反映教师的收入情况，其中岗位工资反映的是教师的岗位职责和要求，体现按劳分配原则；薪级工资反映的是教师工作表现和工资资历；绩效工资则反映出教师的实际业绩和贡献绩效，这是人力资本作为生产要素参与分配的体现。

第三，高校教师绩效考核激励制度还体现出了"公平与效率"相统一的原则。在我国收入分配制度改革进程中，公平和效率的关系不断演进。最初的提法是"效率是前提"，接着是"效率优先，兼顾公平"，然后是"更关注公平"，现在是"提高效率同促进公平结合"，这个变动的过程也说明收入改革的目的就是缩小收入差距，体现社会的公平正义。高校教师的收入分配无论采用哪种形式，都应遵循效率和公平统一的原则。现有的制度设计中，高校普遍实行"按需设岗，以岗定薪"，竞聘上岗的人事制度体现了效率的原则，择优录用体现了效率优先。其中，薪级工资体现的是相对公平和累计效率。绩效工资包含了基础部分和奖励部分。基础部分由岗位和基本业绩决定，体现相对公平；奖励部分由实际贡献大小决定，强调效率。这样在制度设计层面既能保证合理拉开差距，最大化发挥激励机制，又能体现公平正义。

二、高校科研绩效考核激励的问题

尽管高校科研绩效考核激励制度设计总体层面符合高校激励的基本原理和原则，但高校教师科研工作的复杂性、科研政策的探索性、高等教育不同群体多元利益的交织性和激励实施过程中主客观多因素影响的不确定性等，决定了教师科研激励制度实施过程的复杂性和特殊性。科研绩效考核激励制度的实施是一个涉及多方面、多因素、多层次、多阶段的动态系统，呈现多层次、多风格、多变化的态势，加之激励的内外部环境也是千差万别、千变万化的，其运行的逻辑和轨迹不可能是一种简单的重复运动。目前，高校的科研绩效考核激励制度在运行过程中就存在以下几个方面的问题。

（一）激励路径出现偏差

第一，激励目标背离初衷。虽然科研绩效考核激励是一项复杂的系统工程，但它是一种有目的、有意识的活动，只要以明确具体的目标作为导向，激励引导功能就会最大限度地发挥出来。但很多高校在制定科研考核目标时，往往过度追求科研数量、严格限定科研周期、苛求科研经费规模、盲目追求科研项目级别等硬性指标，从而导致广大教师一味地赶超科研数量而忽视质量，甚至出现学术抄袭、科研项目寻租行为、学术腐败等问题。

第二，即便考核目标清晰准确，但是在考核过程中如果缺乏公平公正的评价主体和科学的评价方法，也难以保证激励作用的发挥，如现有的"代表作考核制度"仍然难逃量化等级赋分的宿命。因为"代表作制度"下如何选择评审专家、如何科学界定代表作的科研成果的质量和水平均在操作层面存在很大的技术障碍。目前，虽然很多高校都在试图寻找一种看似科学合理的"专家同行评议"的方法，如外校专家匿名评审制度、本校专家实名评审制度等，但这些都无法给出最权威、最信服的结论。对于科研成果的考核方法选择，各个高校都在试图寻找既能反映出科研成果数量，又能反映出科研成果质量的定量与定性相结合的双重考核办法。但在实际选择中由于定性考核的方法具有很浓的主观色彩，很多高校管理者缺乏相应的管理技术背景，因此往往将考核化繁就简采用以科研经费、论文发表数量、专著出版数量、科研成果转化等量化指标为主的积分评价方法，这就不仅导致对教师科研等业绩的考核缺乏公信度，同时，也严重降低了教师的科研积极性。总之，考核路径中考核目标、考核主体、考核方法等关键节点的选择和运行如果出现了问题，则激励效果一定会大打折扣。

（二）激励对象的动力不足

尽管部分教师从事科研的主要动力来自评职称，一旦职称到手，他们便不会再重视科研工作，没有了动力再去搞科研，但绝大多数高校教师需要的复杂性决定了科研激励手段的复杂性，如果高校制度设计中不采取多样化、灵活的激励方案，不能兼顾教学激励和科研激励，不能充分考虑不同个体、部门、学科、职称的差异化需求，不能将考核结果与教师薪酬分配、职位晋升评聘等环节对应上，就难以真正激发教师的科研动力。具体表现为：高校对教师的需求研究不足。高校教师的需求存在着年龄、职称、学历等带来的差异，这决定了高校科研管理者应针对不同年龄阶段、不同学历和职称的教师采取相应的科研激励措施，以达到满足各类教师需要的目的。事实上，不同层次、不同类型教师的需要结构、需求层次以及他们在不同时期的主导需要都是不同的，特别是不同学科教师的科研成果的表现形式、产生条件、科研环境、能力要求、完成周期、应用前景等方面均存在很大的差异，很多高校没能有针对性地设计出一套能够在不同学科之间进行有效横向对比，相对公平合理的考核激励制度，因此也就无法持续有效地对教师进行激励。对激发教师科研需求的外部诱因的驱动不足。例如，对于教师科研经费投入不足、教师科研所需要的实验条件、科研场所提供不足、教师培训和学习机会不够、科研政策和制度不连贯、科研团队建设薄弱、科研氛围风气缺失等问题，即便再好的诱惑，巧妇也难为无米之炊。

（三）考核激励的效果不强

首先，科研绩效考核激励力度不够。例如，一些高校单纯重视科研精神激励，缺乏科研物质激励；或者在重视物质激励的同时，没有过多地关注精神激励。还有，一部分高校建校的时间太短、基础薄弱，科研专项经费较少，科研成果的奖励力度也相对较小，这些都在一定程度上制约了教师开展科研活动的积极性。其次，科研绩效考核激励作用被人为弱化。高校教师科研绩效考核的原理是按劳分配、按贡献和能力分配。根据管理学中的"80/20 效率法则"，高校的主要科研成果其实主要依靠教师中 20% 的那小部分科研骨干来完成，那么科研奖励是不是也应该相应向这 20% 的教师倾斜，使这些在关键岗位和做出大部分贡献的教师得到相对公平的科研奖励绩效工资，但这也会遭到其他 80% 教师的反对而难以实现。同时，高校管理者为了学校稳定和自身政绩的诉求，往往采取息事宁人，实施"老好人"的分配方式。在实际操作中将原本属于科研绩效奖励的那部分薪酬人为地按照教师资历、级别进行平均分配，这就导致了一种隐形的"新平均主义"现象。

三、高校科研绩效考核激励问题的成因

（一）各参与主体认知不到位

第一，高校科研绩效考核制度设计者和实施者等参与主体对激励功能认识不足。考核的激励功能虽然是固有的、潜在的且难以人的意志为转移的，但其激励功能的发挥不仅蕴含在教师考核的运行过程中，还需要各参与主体的科学设计、有序组织、规范引导和自我归化。可以将科研绩效考核看作指挥棒，它能够根据社会或学校需要调动和激发教师的积极性、主动性和创造性的行为导向；也可以看作一种教师自我调节、自我发挥的主观心理状态和内在机制。但现在的很多高校及其主管部门的管理者缺乏对这两个基础的心理认

知,考核者往往认为科研绩效考核就是对教师科研行为的一种监督手段,被考核者则认为是对自身科研行为的一种约束和控制,从而形成一种双方之间的监督与被监督的简单"粗暴"的对立关系。

第二,各参与主体对科研绩效考核激励机制的作用原理认知不足。具体体现在三个方面:思想中的传统观念如"绝对平均主义""不患寡而患不均"等观念根深蒂固,导致在实施过程中不敢完全按照贡献大小、能力高低分配绩效,在考核过程中过于宽松,在分配环节节节让步,最终导致教师个人收入与个人科研绩效不能合理对应,这严重制约着高校科研成果质量和水平的提高及科研杰出人才的培养;对教师的真正需求了解不足、重视不够,要么认为只要给教师提供足够的经费、物质条件就一定会出好的科研成果,要么就将教师视为一种管理成本和负担,从而无视教师内在的人性需要和正当利益诉求,有的时候不顾教师所在科研环境和客观条件一味地提高科研考核指标,导致教师科研压力过大,从而产生抵触情绪,甚至采取不正常手段来应付考核;高校普遍存在"论资排辈"的传统观念,绝大多数教师在职务和职称的晋升中无论个人科研绩效考核表现多优异,也往往无法逃出升级、晋升规定中的条条框框,只能依靠资历和年限按部就班地等待。

总之,在科研绩效考核制度设计和实施过程中,各参与主体如果对激励机制原理理解有偏差,对教师激励的需要、动机和行为的心理状态过程研究不够,都能产生各种实施操作层面的误差和问题。

(二) 科研绩效考核激励机制不健全

发挥科研绩效考核激励作用的前提在于建立起一个以绩效考核为核心的,各参与主体、各参与要素之间相互作用、相互联系、相互制约的激励机制。一套完整有效的激励机制应该包含三个支点和三个通路。三个支点分别是高校科研目标体系,即高校在科研成果数量、质量、时间、成本、效益等方面的具体要求;诱导因素集合,即用于调动教师科研工作积极性的奖酬资源;教师个人因素集合,即包括教师的需要、价值观等决定教师个人参与并接受科研绩效考核的一些因素,以及教师科研能力、素质、潜力等决定个人对学校科研贡献大小的一些因素。三条通路分别是分配制度,即高校科研绩效考核结果对应的方式和原则,这些分配制度将奖酬资源公平合理的与教师个人科研绩效结果之间建立起互动关系,分配制度的设计决定了教师科研成果能不能得到、如何得到、得到多少奖酬资源;科研行为规范,则是对教师科研努力方向、科研行为方式以及应遵循的价值观等行为的规定,行为规范也作为科研绩效考核者和管理者对教师科研过程控制和监督的一种依据,因此，行为规范就成为教师个人素质与高校科研目标体系之间的一个通路；信息交流，则是指各参与主体的信息要在整个考核激励过程中保持畅通和回路循环，如考核者要及时掌握被考核教师的个人需求和科研动机，同时要对考核过程中发现的问题及时给予技术支持和管理辅导沟通。教师也要通过过程中的信息反馈及时掌握高校能够有哪些奖酬资源可以获取、哪些条件和资源可以利用。因此，信息沟通是连接教师个人需求与诱导因素之间的通路。

目前，高校科研绩效考核激励机制的实际状况是三个支点比较健全，但三条通路却常常出现梗阻或者缺失的现象。例如，分配制度中的"新平均主义"伤害了科研骨干的积极性；行为规范中科研目标和科研行为之间的关联度不够，很多教师的研究成果和研究方向往往与高校的科研总体目标或者所在学科定位和特色不符，对高校的发展贡献度不够；信息交流的通路存在的问题则更加明显，如对教师科研需求和动机研究不足导致科研奖酬资源设计"一刀切"，缺乏吸引力。科研绩效考核中重考核轻激励是大多数现行科研管理的弊端。在教师科研绩效考核中，高校过多强调对教师采用行政方法、评价方法等行为控制的"硬"管理，然而，对如何激励教师的内在科研动机的"软"管理则重视不够。同时，对本校突出贡献的科研人才的激励缺乏有力度的措施，通常是以精神奖励为主，制定奖金福利待遇时仍然在同一个职称层次上以职称级别划分。无论教师科研水平、科研成果如何，只要一般性考核合格，均享受一样的待遇。还有，绩效分配和薪酬设置不科学，无法充分调动教师工作的积极性。这种情况下，不完善的教师激励机制势必造成大量优秀人才的流失。

第二节 强化高校科研绩效考核激励效果的原则

一、目标双赢原则

第一，科研绩效考核只有以高校和教师双赢为根本目标，才能最终实现激励效果。要有明确的高校科研发展战略目标，这是高校对教师的一种心理引力。所谓目标激励，就是通过确定适当的目标，诱发人的动机和行为，达到调动人的积极性的目的。目标作为一种诱因，具有引发、导向和激励的作用。也就是说，高校管理者通过科学地制定高校的发展目标来激励教师为之奋斗。同时，也必须满足教师自我实现的需要。比如，高校在制订学校宏观战略发展规划时，要把学校目标与教师个人发展尽可能有机地结合起来，以满足高校教师较高层次的需要，即帮助他们实现自我的人生追求。

第二，高校通过确立科学、合理并获得教师认可的发展目标，也满足了教师在自身科研能力和素质不断提高的基础上对物质奖酬和精神方面的需求。也就是说，高校科研绩效考核的目标设置不仅要结合学校的办学定位和实际科研条件，而且要符合教师的科研实力和背景，切勿好高骛远或者简单易行，要具体清晰，有规范的程序和切实可行的目标描述。

最后，高校还要特别注重满足教师对学术权力的需要。大学是探求与传播高深知识的场所，其基本活动是学术活动。高校教师职业追求的本质在于知识创造与学术自由，"学术人"特征是高校教师区别于社会其他职业的显著标志，教师学术权力的存在与需要正是其根本属性的要求。学术权力指大学学者对大学学术事务的直接管理和控制，主要指大学教授个体与学术委员会的权力，尤其指学术委员会的权力。保证和尊重教师群体的学术权力是尊重知识、尊重人才的必然要求。然而，目前高校管理中行政色彩浓厚，常常以行政管理模式代替学术管理，以教师形式上的参与代替教师决策，学术权力在行政决策中仅处于咨询与参谋的地位，学术管理行政化严重影响了教师激励机制的建立与运行。

因此，高校要正视教师（教授）群体的学术权力需要，建立相对宽松的权力运行环境，推进学术权力与行政权力共同协商、共同处理学校事务，形成相互制衡的运行机制，这样才有利于教师激励机制的有效运行。

二、以教师为本原则

第一，要尊重教师的人性需求。具体而言，要将充分尊重、理解、关心教师的需求和调动教师的积极性放在首位。任何激励机制设计的目的不是束缚教师的手脚、禁锢教师的思想，而是承认并满足教师的人需要，尊重并容纳教师的个性，重视并实现教师的价值，开发并利用教师的潜能，统一并引导教师的思想，把握并规范教师的行为，鼓励并奖赏教师的创造，营造并改善教师的环境。高校无论采用何种激励方式，都应将对教师需求的重视贯穿其中。

第二，要尊重教师科研劳动的特殊性和复杂性。教师科研劳动的特殊性主要表现在科研工作的创造性和复杂性上。高校教师科研劳动的创造性表现为科研工作本身具有创造性、不确定性、风险性、可变性等特点，教师需要根据不同的科研主题、项目要求和不同的研究对象，创造性地选择和实施不同的研究方式，以取得理想的科研效果。高校教师科研活动的复杂性首先是由其脑力劳动的复杂性决定的，其次是由科研劳动的对象决定的。教师从事的不是简单的重复性的劳动，主要是思维性活动，劳动过程往往是无形的，没有固定的流程和步骤。高校教师面对的是具有一定层次科学文化水平、具有一定独立思考能力和自主能动性的大学生，他们经历不同，生理、心理发展及个性特征都存在很大差异。这就造成了教师劳动对象的复杂性、多样性，要求教师要遵循高校学生成长的特殊规律去影响学生、教育学生。

总之，教师的劳动过程不是物质变换过程，而是知识、技能和技巧、能力以及思想道德品质的转化和发展过程，这也造成对教师的科研劳动过程难以实施监督和控制。由于高校教师科研劳动内容的创造性和劳动过程的复杂性，其劳动成果难以度量。科研工作需要教师付出较长的努力，其科研成果往往需要经过长期的时间才能显现出效果来，而且科研成果的实效也难以成为直接测量的经济形态。另外，随着科技的发展，许多知识创新成果的形成并非一人之力，是团队协同合作、共同努力的成果。

第三，要尊重教师的学术和知识成果。高校教师普遍受教育程度高，渴望得到校和社会的承认与尊敬。教师最大的满足莫过于毫无保留地把自己的知识、精力、才能奉献给社会，在教学科研上成功，以及"桃李满天下"。因此，尊重教师就是尊重教师的学术和知识成果。这种尊重不仅是加速高校教师自信力爆发的催化剂，还有助于学校与教师之间的和谐，有助于教师团队精神和凝聚力的形成。另外，在知识经济社会中，知识在经济生活中的地位变得越来越重要，知识是资本的重要构成。高校教师作为高深学问和高新技术的拥有者，对他们的激励更应该体现知识的价值。重视对知识资本的激励，有利于教师潜心研究，激发教师的创新能力，增强高校的核心竞争力。所以，高校无论采用何种激励方式，都应当尽可能满足教师的尊重需要，把对教师的尊重贯穿于激励过程之中，充分体现对学者、对学术的尊重。

三、公平与差异化原则

公平原则是激励的基本原则，也是激励作用得以保障的重要条件。同时，美国心理学家和行为科学家亚当斯提出的公平理论也可以证明，公平在激励中具有重要作用，不论是对教师考核指标的确定和科研绩效的分配，还是对教师的科研绩效评估、奖励责罚，都要保证公平性，在制度制定和实施的过程中要保证其透明度。实际上，在高校教师激励机制建设中，教师的公平感不仅表现在工资、津贴等货币性收入方面，也体现在权力、荣誉、晋升、社会地位、住房等非货币性待遇方面。所以，在高校管理中，激励模式的设计必须力求公开、公平、公正，做到一视同仁，不凭领导意志、主观偏见、个人好恶判断一个人的科研工作表现、成果好坏，而是凭业绩论英雄，靠能力得奖酬，建立一套科学公正的制度化、规范化的测评标准，充分激发教师的科研积极性。同时，积极对教师进行公平心理引导，使其树立正确的公平观，正确认识自己和他人，而不盲目攀比。也就是说，真正的公平是指不受财富、地位以及个人主观好恶的影响，应该本着实事求是的态度，只要高校教师付出了相应的努力和贡献，就应得到相应的激励。如果激励不公平不仅不会产生正强化效果，还会严重挫伤教师的积极性，甚至起到负效应。要使科研绩效考核激励产生好的效果，关键要使激励公平公正。只有做到制度制定透明、激励过程透明、激励结果透明，激励机制才有生命力，激励行为才有促动力，才能获得广大教师的信任，才能充分调动教师的积极性和创造性。

四、系统协同化原则

系统科学认为，任何一个事物或系统的内部组成对其整体效能的发挥都有着决定作用。只有通过内部组成的合理安排，才能把构成事物或系统的局部属性和功能变为事物或系统的整体属性和功能，实现整体大于部分之和。高校教师科研绩效考核激励系统内部构成的优化组合对于发挥激励功能具有极大的促进作用，对于高校教师的队伍建设、人才培养、文化传承有着特殊的意义，特别是教师的激励机制要根据教师本身的工作性质、教师的共性和个性特点，以及高校内外部环境所呈现的各种激励要素之间的关系等进行系统建设。同时，系统的正常运行离不开协同的作用，协同是指元素对元素的相干能力，表现了元素在整体发展运行过程中协调与合作的性质。导致事物间属性互相增强、向积极方向发展的相干性即为协同性。

因此，高校教师绩效考核激励机制首先要确立系统的原则，具体把握好三点：

一是要明确教师科研绩效考核激励系统内部构成成员之间各属何分力，掌握各参与主体的群体性、交互性、分布性和协作性特征，以促使构成部分充分发挥角色效应，协同一致。只有促使激励系统内部结构元素之间形成良性的协调、协作效应，才能推动激励系统顺利实施。

二是要努力为教师营造良好的科研环境和科研条件。一方面，高校教师是文化与修养较高的知识群体，他们在创造科研绩效的同时还十分关注所处环境的变化，包括学校的政策制度环境、学术文化环境及自己周围的人际关系等。学校的政策制度环境在教师激励体系中起着导向性作用，如教师职务评聘、岗位绩效考核、教师评价作为教师管理制度中的核心要件，对教师的激励最直接、最有力。为此，高校应通过各种途径与方式，树立行政管理服务于科研管理的理念，为教师创造良好的学术文化环境、和谐的校园人际关系，使教师在实现自我价值和学校办学价值的同时得到充分的尊重。另一方面，教师的科研需要必要的科研资金、科研场所、科研设备等相关条件的支持，高校也要尽其所能为教师提供基本的科研保障，从而确保科研活动的可行性和现实性。

　　三是在具体设计科研绩效考核激励系统时，要充分考虑到教师激励的内容、方法和对象等要素的全面特点。高校教师激励的内容应全面，既要满足教师的物质激励需求，也要满足精神需求，二者有机结合，不可偏废。因为物质需要是人类的基本需要，满足人们的利益，维持着人们的生存，但是物质需要在达到一定程度以后，其激励作用将变得非常有限，一旦过度还会影响激励的效果。这时就应转向高校教师的精神需求，以满足精神需求为主、物质需求为辅。高校教师激励的对象应全面，要面向全体教师，使整个教师群体得到激励，如此才能使高校获得全面、快速、健康的发展。

五、竞争与时效性原则

　　第一，教师科研绩效考核激励机制实际上就是一所高校的战略竞争工具。组织行为学原理说明，竞争不仅有利于提高组织的效率，而且有利于提高竞争者的素质和能力。它可以分为内部竞争和外部竞争，其中，后者是竞争的主要方面。竞争性原则对内是指进行适当和必要的内部竞争，给予教师一定的压力，使教师保持学术上的创造力和活力；对外是指高校教师激励应考虑到如何留住人才、吸引外来人才，加强与其他高校的竞争，从而获得更多的资源和优势。从这一点来说，高校可以将竞争作为一种激励手段，但在发挥竞争的激励作用时，应主要考虑与外部高校的竞争。

　　第二，时效性原则主要体现在高校教师激励的内容和时间上要充分体现及时激励与持续激励、短期激励与长期激励相结合的原则，避免因耽搁而造成激励的时间延后。很多精神或物质的奖励若延迟兑现，就会造成激励效果的大大降低。例如，当高校教师做出有利于高校发展的贡献时，要及时给予激励，高校教师会继续努力工作，也给其他教师树立了一个榜样；当高校教师的行为危害到高校的利益时，也应及时给予惩戒，这将给其他教师一个警示和提醒。也就是说，及时激励有利于巩固和矫正高校教师的行为，拖延激励会大大降低激励的效果。同时，教师的需要也是有阶段性的，在不同时期常常有压倒其他需要的主导因素，这种主导需要的需求是教师科研行为的当前驱动力量，引发教师的科研动机，影响教师的科研行为。比如，助教的主导需求是薪酬提高和职称提升，而教授的主导需求则是决策权力和自我实现的精神满足。因此，了解和掌握教师不同时间的需求层次和需要结构的变化，有针对性地采取差别化的激励方式，实行物质激励与精神激励、正激励与负激励相结合，才能达到激励的良好效果。除及时激励之外，激励时效性还体现在考虑到中期和长期激励。中期激励指教师经过一年或者几年工作获得的激励，可以给教师提供调整的机会，为教师提供动力和支持，激励教师沿着预定的方向发展。长期激励指教师经过不同阶段的努力最后获得的激励，可以使教师树立长远的目标，保持正确的方向，有利于教师职业生涯的发展。及时性激励、中期激励与长期性激励三者密切相关，及时性激励就像长跑过程中对长跑者每前进一步进行的鼓励，中期激励就像是完成长跑每阶段目标获得的奖励，而长期性激励就像跑完整个比赛获得的奖励。

第三节 强化高校科研绩效考核激励效果的对策

一、以人为本，回归高等教育的理性

（一）尊重教师需求，明确激励目标

人本管理的核心理念是围绕人性的完善和需求的满足来开展各项管理活动，这恰好契合了高等教育的理性回归。高校是具有鲜明人文气质、科学精神的知识密集型社会组织，它以文化、知识的创造和传承为己任，以培养和完善人的科学主义和人文主义为核心。实施绩效考核过程中必须强调以人为本的管理思想，围绕教师的全面发展和人性的完善来管理高校，力求通过激发教师的创造性思维和提升科学素养还原大学教育的本质。同时，高校教师科研绩效考核激励是关于激发教师科研生产力、创新力的政策和措施，它的制定和实施必然应以教师为出发点、落脚点。这就要求高校管理者能够从高校教师的需求出发，科学设置学校发展目标，定期讨论学校现有制度的适切性，不断优化高校教师科研管理制度。要发挥教师的自我激励作用，为教师成长提供有力支持和帮助，把教师从带有强制性、干预式的制度中解脱出来，从而真正做到尊重教师、理解教师、关心教师，充分激发教师的积极性、主动性，让教师在科研工作中取得进步。唯有如此，才能促进高校、教师的协同发展。

实施人本管理的关键在于要将绩效考核目标和高校发展目标有机结合起来。一方面，

绩效考核作为一项管理活动必然要有一个明确有效的绩效目标，围绕这一目标才可能开展绩效计划、评价、反馈与应用；另一方面，高校作为以学术研究和人才培养为主要目标的社会组织，具有学术研究成果和人才培养成果的滞后性、不确定性、隐藏性、智力性等特点，会导致其发展目标难以预期和控制，特别是无法准确地进行衡量和量化。若要实现两者的有机结合，就需重新确认高校目标的实现主体和实现逻辑，从而最大限度地降低高校目标的模糊性，为科研绩效考核工作奠定基础。而高校发展的基础依靠广大教师主体的发展水平，每个教师的个人发展方向和目标却是非常清晰和可衡量的。因此，在具体操作中高校管理者要建立一种自下而上的绩效目标生成沟通机制，将教师个人发展方向和目标作为学校发展目标的归集前提，充分尊重教师的合理需求，结合学校现有条件和资源形成切合实际可考核的绩效目标。具体要注意两点：一是要将学校的总体目标转化成具有激励性的教师个人目标。要让教师积极参与目标制定，使学校的工作目标与教师个人的发展目标融合在一起，使教师充分认识到学校目标的实现与个人的事业、追求、前途息息相关。二是学校总目标设置要明确、具体、有阶段、有层次，并将学校总目标分解落实到不同组织、部门和教师身上，使目标和责任联系起来。

（二）鼓励教师参与管理，减少负激励

高校管理者在制定和修订各项科研绩效考核制度时，要鼓励教师参与，积极减少负激励因素的影响。负激励因素即是不合理的因素，忽视其会造成"补偿性反馈"。也就是说，当绩效考核制度存在缺陷或者不足时，不仅难以发挥其积极作用，甚至在一定条件下比没有制度产生的不良效果更严重。因此，学校管理者要鼓励教师参与。一个合理的科研绩效考核激励制度要想获得教师的高度认同就必然需要教师参与其中，只有教师充分地参与高校各项管理制度的制定及其进程之中，才能从中体验信任的力量，感受责任的分量，进而产生强烈的组织认同感和责任感，将自己的命运和高校的发展密切联系起来。同时，管理者要摆正位置，把自己看作教师中的一部分，从被动听取转变为主动听取，变管理为服务，自觉接受教师的意见，不怕教师"挑刺"。管理者应尽可能扩大听取面，听取来自不同层面、不同教师的意见和反映。而不是仅仅听取少数特定教师、先进教师的意见，求同存异，保证教师对激励政策的认同。管理者可通过各种方式听取教师的意见，以使激励方案达到集思广益、博采众长的效果，形成良好的氛围。通过经常、及时、耐心地了解教师的意见和建议，可以及时捕捉到教师最关心的事情和反映最强烈的问题。无论意见采纳与否都应对教师表示感谢，并对未被采纳的意见给予合理的解释。一旦教师的意见被采纳，

他们在具体执行中会把遵守政策作为自己的责任,发挥带头和模范作用。

(三) 尊重学术性权力,去行政化

高校教师绩效考核应充分尊重学术性权力的核心地位,努力淡化行政权力的过度干预。具体包括:一是将高校主管部门的角色由"代理人"转变为"服务者"。目前,我国高校各级主管部门的实际角色是代表政府管理高校的"代理人",也是高校真正的当家人。这种鲜明的行政化教育管理机制在某种程度上约束了高校自身的发展,更为高校内部过度行政化提供了仿效和对应机制。因此,为配合高校去行政化的需求,各级政府主管部门应将现有"当家人"式的监控管理转变为以落实各项高等教育法律法规和政策,扶持高校发展为重点的服务式管理。二是就高校内部而言,完善以教师为主体的学术委员会治理结构。一方面,学术委员会的成员应"去行政化",即"学术机构"的成员要确保身份的单一性,应尽量由工作在科研和教学一线的教授专家组成,而非身兼数职的"双肩挑",以确保学术委员会成员的意志不受行政领导的干预和控制;另一方面,学术委员会应该在教学管理、科学研究等学术活动中具备最高决策权,特别是在教师绩效考核评定和岗位定级、职称聘任、科研教学项目的设定和评审、学术奖项的设定和评选等方面发挥决策性作用。三是转变高校内部行政管理部门的工作理念和工作方式。行政管理人员不仅要树立起行政权力服从于学术权力的观念,还要充分尊重和遵循学术研究的价值和规律,改变传统的审批、监督式管理方式为保障式的服务方式。四是充分发挥职工代表大会的作用,保障广大教师的参政议政的权力。凡是涉及教师切身利益的重大问题,如绩效考核标准、考核方法、考核结果运用等重大问题,均要通过职工代表大会讨论通过。

二、以项目为中心,构建全过程科研控制系统

(一) 做好项目的事前控制

项目事前控制是指在项目正式开始之前所进行的管理活动。该阶段主要涉及项目指南论证与制定、项目论证设计与申报、课题的评审与立项三个环节,参与的主体主要有政府部门、评审专家、高校,管理目标则是通过对科研项目最终产出的确定和对项目资源投入的预先控制来防止科研项目资源在质和量上产生偏差。为此,事前控制的绩效指标主要有项目开出的有效率和项目立项率。前者主要考核政府投入部门确立的项目指南和对项目申报材料的论证评审是否有效,后者主要是通过科研立项的数量和层级来考核高校科研管理

工作的有效性。为达此目的，要做好三方面工作：

一是政府部门做好项目指南的论证工作，确保项目的选择反映学科和社会发展最前沿和最急需的问题；加强政府不同职能部门间的信息共享和有效沟通，搭建政府层面的项目资源和专家资源信息库，尽量避免项目的重复设立和资源的浪费；建立基于人力资源胜任素质模型的项目评审专家选拔和评价系统，将项目评审结果与项目后期运用结果有机地对接，以最适合的项目评审专家评选出最正确的科研项目。

二是高校科研管理部门把好项目的申报质量关。开展申报工作的选题辅导，选题范围和要求要结合申报者优势特长和前期成果，选择符合地方经济发展状况的热点话题；系统掌握各类项目申报书的填写规范并及时辅导教师填写，防止因填写不规范造成项目落选；开展重点项目的预研究和选题指导工作，以先期成果为依托奠定申报基础；有效整合资源、集中力量，有重点、分层次、有计划地引导项目的申报与本校科研优势和特色学科领域相结合；建立以学科带头人为核心的科研团队建设机制，通过发挥带头人的引领作用持续提升科研项目质量。

三是高校科研管理部门做好项目的立项管理工作。可以通过开展多种形式、多层次的学术交流会、学术研讨会交流科研信息，共享科研资源，增强科研管理部门和科研人员的了解和信任；制定科研项目奖励与培育机制，如科研奖励制度、青年教师科研基金专项、人才梯队建设办法、高学历科研人员补贴、校内科研的培育选拔办法等；完善科研项目合同管理。通过签订项目合同来约定项目的研究内容、研究进度、阶段性研究成果、成果水平及表达形式等核心内容，以便对项目后期的绩效考核提供明确的考核标准。

（二）做好项目的事中控制

项目事中控制是指在科研项目实施过程中进行的管理活动。该阶段具体工作有：

一是建立多部门协同共管的管理机构。例如，可以成立由校级领导主管，由财务、科研、教学、人事、审计、各学院等相关部门组成的财政专项经费管理机构。该机构不仅主管整个项目的预算申报、项目的评审、项目的实施和实施效果的考核，还负责优化科研经费的分配方式和渠道，重构科研人员经费开支范围，开发使用科研经费预算控制模板系统，并配套出台加强科研经费支出相关的管理文件，以实现对科研经费的科学管理。

二是健全科研项目的中期检查制度。通过制度设计明确各主管部门的职责，做好检查分工与协作，针对疑难问题要组织会商解决；明确项目检查工作要以项目合同书为依据，采用定期和不定期的方式，重点检查项目进展与项目质量两个指标；通过严格执行有关项目进展的奖惩制度，调动科研人员的积极性，避免项目延期。

三是依据项目的层次、跨学科领域、合作方的多少等要素对项目实行分类管理。分类的目的是按照项目的重要程度和紧迫程度将项目分开，这样便于在管理层面上找寻侧重点。重点项目一般是资金规模大、项目级别较高、涉及的学科领域较多、合作参与方较多的大型项目，因此需要科研管理部门重点关注，同时需要组织分配、协调好各方的工作。而对于非重点项目而言，按照项目合同来进行规范的过程管理则更为重要。

第四是做好项目实施过程中各参与主体的培训工作。

第五是建立项目管理和财务管理对接的科研管理信息系统（MIS），实现信息资源共享。信息收集是做好 MIS 的基础，信息主要通过专题汇报会、提交纸质报告、项目佐证材料和实物验收、实地考察等形式进行收集，这些信息为科研管理部门及时了解项目的研究进度、阶段性成果、面临的困难等提供了充分的判断依据。因此，要收集、整理、保管好各类信息，同时要有专人进行分析给出相应的检查结论。全面运用 MIS 不仅能够正确和迅速地将项目的信息管理与项目的实施过程有效组合，从而为科研管理的决策与分析提供技术支持，而且能帮助财务管理人员及时掌握科研项目的进展情况、发现项目预算编制与批复经费不一致的现象，实现和科研人员的有效沟通，从而有效解决财务人员管理科研项目能力不足的问题。

（三）做好项目事后监控

事后监控是指针对项目研发过程结束产生的项目成果开展的项目结项评审、项目成果应用及评价环节的管理活动。项目结项评审环节一般包括结题申请、项目成果鉴定两个阶段。项目成果应用及评价环节则主要是针对成果转化工作开展的。其中，项目结项评审阶段决定项目研究是否达到项目合同书的预期目标，是否能够予以结题；而项目成果应用及评价阶段则是考核科研项目的社会价值和经济价值，即科研成果转化率高低的问题。事后监控具体要做好五方面工作：

一是设计科学合理的科研项目验收指标体系。应综合考虑科研前期基础、科研项目实施投入过程、科研项目成果等指标，注重科研成果转化，避免因结果型科研成果量化考评带来的"以偏概全"现象。具体操作时还要充分考虑到不同层次学校、不同学科、不同类型研发人员之间的差异性，充分尊重科学研究规律。具体可将绩效考核指标调整为以科研基础、科研投入、科研产出三方面指标为主体的过程型指标体系。其中，科研基础反映的是高校教师情况、学科情况、科研平台设施等软硬件条件；科研投入反映的是科研项目数目,以及科研经费的投入情况;科研产出则具体包括前文提到的专著数量、学术论文、鉴定成果数、技术转让当年实际收入和成果授奖等各项指标。

二是要制定并严格执行科研项目验收制度。例如,对于以正式出版的著作、发表的论文等公开发表成果作为最终研究成果的,应该重点考核成果内容与项目计划内容的关联度、项目负责人承担实际研究任务的多少、项目成果形式的规范程度、真实性、原创性、学术性,以及项目成果的实践意义和理论价值;对于以鉴定成果、研究报告等作为最终研究成果的,需要在专家选择、专家鉴定评审验收等环节严格遵循公平、公正、公开透明的原则,按照项目合同约定标准验收。

三是做好科研项目的结项后期档案管理。由于项目后期档案是整个科研项目成果结晶的保存,档案的形式有文档、声像载体、实物、各类作品等,档案的内容涉及很多专业技术方面的研究成果,档案保管的要求具有一定的保密性和实效性,因此需要具备科研档案管理知识背景的专人定期分类整理。

四是做好结题后期管理与总结工作。首先,要对顺利结题的项目进行经验总结和推广,并在现有研究成果基础上发掘和培育新的研究课题;其次,要重点对延期结题、终止研究的项目进行及时处理并诊断原因、总结教训,避免同样问题重复发生。

五是转变观念,健全科研成果转化激励机制。例如,在高校教师绩效考核评价和职称评定制度中,可将科技成果转化和产业化等指标作为评价的重要依据;试行"创新应用型"岗位人才培养模式,该岗位以支持教师从事应用技术研发和科技成果转化,鼓励教师将项目研发成果以应用为导向再研发,催化一批关键技术,培养一批"创新应用型"人才为主要目的。

三、强化参与主体培训,提高激励的科学性

(一)强化教师的培养与培训,提高激励效果

要有效地对高校教师进行科研绩效考核激励,就要为他们提供一个有利于科研发展与提高、能够吸引其为之奋斗的事业平台和成长空间,即高校管理者要设置一定的帮助机制、督促机制来促进教师的科研发展,实施可持续发展的教师科研管理与职业生涯规划,积极创造条件对教师进行在职培训、自学进修和脱产轮训以及出国深造等,要把教师的使用和培养有机结合起来,努力为其提供培训、进修、学习的机会,支持他们不断进取、不断学习、不断创造更多更好的科研成果。因为教师培训既是不断提高高校整体竞争力的要

求，又是不断提升教师专业知识和科研能力的要求。高校教师职业的特殊性也决定了其具有强烈的求知欲和进取心，特别是在知识经济时代，他们更加渴望通过进修和培训来完善知识结构、提高科研能力、增强科学素质。教师的科研能力的发展是一个教师的成长过程，也是一种具体的实践过程，这一发展过程的实现不但要求教师自身主动学习和不懈努力，更需要创设良好的外部环境和条件来帮助和督促他们。因此，高校管理者必须有计划、有组织地对教师进行培训，创建一套适应高校当前和未来发展需要的、与高校战略相符合的、以高校教师能力培养和潜能开发为中心的培训体系。同时，培训要着眼于人力资源的开发和教师的职业发展，关注的是在现实的职业发展领域，教师应如何随着外界环境的变化和高校发展变革的需要调整自己，以适应这种变化。

具体操作时注意以下四点内容：

一是要制订科学合理的教师培训计划。要让教师培训达到实际的效果，高校管理者就要进行全面的规划和部署，与高校的科研发展总体战略相一致。根据高校自身的科研发展战略总体目标分解设计每个教师的科研目标。完成这些目标就需要教师在未来具备一定的专业能力、素质和态度价值观等。包括短期内需要具备的科研条件和长期需要具备的科研条件。这样就建立起一个系统明确的培训知识体系。

二是明确教师培训的内容。教师培训内容是教师培训的重要环节，应具有针对性、灵活性、激励性。由于不同教师的素质能力、学历学科背景、科研能力和研究领域等状况不同，在培训内容的层次、水平、等级等方面必然会存在明显的差异性。因此，高校管理者应针对不同教师的情况结合高校的科研目标进行综合分析，并让教师参与制定培训内容，以便设计出更具有针对性与层次性、可操作性强、实效性强的培训内容，使不同层次教师的科研素质都得到提升，避免培训经费和教师时间的浪费。

三是采用多样灵活的培训方式。培训可以根据不同教师的工作性质和时间状况选择尽可能多的灵活形式，分批次进行培训来满足教师的需求，达到客观要求和主观需求的统一。例如，定期组织教师开展学术交流，让不同学科、专业的教师互相了解、互补学习，增加教师之间的沟通，增长教师见识和知识；也要充分利用现代信息技术来发挥培训的媒介作用，如通过互联网和远程教师培训资源库、精品培训课程、高级研讨班的全程录像等让教师能够选择自己所需要的内容在网上进修学习，使教师特别是异地的高校教师也能利用网上资源接受高水平的培训，同时也节约了培训成本。

四是要将教师培训常态化和制度化。教师的能力培养和科研活动均是一个长期累积和不断更新的过程，因此，教师培训必然是一个持续的系统和制度化工作，不可能一蹴而就。这要求必须建立健全高校教师培训制度，为教师培训提供制度上的保障和支持。

总之，高校管理者只有通过不同的方式鼓励和支持教师培训，才能提升教师科研能力。

（二）增强管理主体的激励意识，提高制度设计与实施的科学性

高校教师科研绩效管理主体是激励机制系统的决策者、制定者、激励机制运行的实施者和激励后果的调控者。具体而言，决策者主要是指高校的高层管理者，他们主要负责确定科研绩效考核的基本原则、激励目标的选择和确定、激励资源的筹集和分配等；激励机制的制定者主要是高校科研管理部门和各级教学科研单位的管理者；实施者则既包含前面所述的制定者，也包含被考核的教师；激励后果的调控者则既包含决策者、制定者，也包含各级教学科研单位管理者。这些管理主体的激励意识、自身素质以及对管理主体的监督机制是决定激励机制系统是否运行有效的关键。如果在激励机制运行前期对管理主体进行系统的激励理念、激励方法和工具的培训，不仅能增强管理主体的激励意识，还能提高管理主体的自身素质，并在考核激励过程中对整个制度的实施制定给予及时的辅导、沟通。

第六章 高校、科研机构与科技型企业协同创新机制

第一节 高校、科研机构与科技型企业协同创新形成机制

一、高校、科研机构与科技型企业协同创新的形成基因

（一）人才资源的交流与合作

人才是第一资源，人才交流与合作为产学研合作提供了支撑。开展政产学研合作是共享人才技术资源、推进科研创新发展的重要载体。要紧紧把握新兴产业的核心技术和传统产业升级的共性技术，积极探索政产学研合作机制的有效途径，推动政府、企业、高校院所的紧密合作和优势互补。

通过依托重点实验室、工程技术公司（研究）中心和博士后工作站等载体，培养和造就一批优秀的创新和领军人才。进一步加大吸引最优秀的学生和高科技人才在国内创业的力度，重点引进产业领军人才、资本运作人才和高端技术人才。

通过建立企业自主创新评价指标体系，完善收入分配制度，促进参与收入分配的技术元素，以股票和期权等形式激励科技人员。鼓励科技人员以智力支出作为技术开发费投入，通过合约明确后劲术投资者享有的发明专利权。

为科技成果转化做出贡献的人，要享受优惠的人才工作条件，在调动配偶、子女上学、住房补贴、医疗保险等方面给予优惠政策。

（二）科研机构的产业化

从科技成果转化主体来看，企业、大学和研究机构、政府、中介服务机构，共同构成

了科技成果转化的主体。中介服务机构是科技行业各主体之间联系的重要纽带。近年来,科学技术的经济部门在科技创新中发挥越来越重要的作用,各级政府和企业都意识到科技为经济服务的重要性,但科技产业的发展还存在一些问题,如认识不清,重视不够,立法滞后,缺乏安全感,缺乏人才,缺乏培训,缺乏市场信息,不能满足科学和技术发展的需要,这些都成为科技成果转化的障碍,成为制约科技创新能力的重要原因。因此,我们必须建立产学研技术经济联盟,以确保科技成果转化水平和转化能力的提高。具体做法有:一是通过技术和经济公共服务,支持民营科技企业,鼓励使用科技服务和其他经济措施,极大地促进科技经济的发展;二是完善相应的法律法规,促进将技术转让给工业企业;三是建立多级共存的科技经济产业系统;四是发挥在科技产业经济政策中的指导作用;五是建立有效的信息数据库。

二、高校、科研机构与科技型企业协同创新的形成基点

高等院校、科研机构和科技合作企业协同创新包括战略协同、知识协同和组织协同,三者互为条件、相互促进,是辩证统一的关系。首先,战略协同是基础。高校、科研机构和高科技企业的文化和价值观存在差异,只有找准"受益—风险"的平衡点,求同存异,建立战略合作伙伴关系,才能使产业创新链得以互补、拓展和延伸。其次,知识协同是核心。在实践中,我们需要建立高校、科研机构和科技型企业的知识联盟,通过合作开展研究开发、技术转让、学术交流等,促进大学之间所有类型的知识在研究机构和科技企业之间整合与共享,不仅提高企业的技术能力,也能获得新的高校科研信息,进一步提高创新之源的水平。第三,组织协同是保证。为了打破技术转移的传统单一模式,要发挥政府部门和各种辅助组织的桥梁及协调职能,形成协作甚至并行的网络模式。同时,由于高校、科研机构和高科技企业的协同创新不是静态的、线性过程,协同关系太密切,可能会增加转换成本,因此,我们要从动态的角度来看大学、科研机构和科技型企业的协同创新,避免引发路径依赖的"协同锁定"现象。

(一)发展战略的协同

1. 价值观和文化上的协同

因为合作方在资源、能力、发展目标等方面存在差异,在组织文化和行为规范上可能完全不一样。在产学合作中,企业一般以利润和经济价值为导向,而研究型大学着眼于是否有利于学术研究,导致协同效益评价标准和模式的不同,甚至导致大学提供科技成果与

市场脱节，或者企业过度干预大学。盖斯勒认为，在产学合作过程中，身份价值和文化认同越强，越容易形成互赢的心理预期，越能够保持更持久的合作伙伴关系。因此，高校应积极为企业研发其所需的科技成果，培养技术和管理人员；企业应该更加重视提出准确需求，为学校提供信息和资金支持。

2. 基于信任和交流的愿景协同

协同创新无论是采取合同研发外包、项目咨询，还是共同创办新企业、参与国家项目、人才交流和培训，都需要找准自己的角色定位，明确自己与合作伙伴的关系和各自的分工，实现学科链和产业链的有机衔接。交流与合作是信任的基础，经验越丰富、相互信任的程度越高。因此，保持信息交流、畅通沟通非常重要，要在建立互信、互利、共赢的愿景下，相互理解，避免引起纠纷，通过资源优势互补，实现协同整合，为双方带来新的收益。

3. 风险和利益观念上的协同

高校、科研机构和高新技术企业削弱了个人控制，增加了交易成本和风险。产学研合作分为导向型障碍（大学和行业有不同的目标导向）和交易型障碍（包括知识产权的冲突与合作的利益分配），双方之间的合作出现分歧，使知识的传递和共享变得困难。在早期的合作中，因为双方在资源、参与合作等方面的不同优势，形成了各方不同的谈判地位，在初期比较容易达成一些协议，但随着合作项目的发展，也将频繁地出现矛盾。如果双方不能在知识创新风险、管理成本、机会成本和沉没成本等方面达成一致，就会使合作项目成为"一次性事件"，甚至流产。

过去我们的高校、科研机构和高科技企业大多是资源型的交易，合作停留在一个特定的项目或技术的发展水平，往往是"一锤子买卖"。如何设计合理的战略利益分配机制，达成"利益平衡点"，关键在于产学协同创新。为达成高校、科研机构与科技型企业的战略协同，有必要建立基于风险共担和利益共享的高校、科研机构与科技型企业战略联盟，它是一种以"知识—技术—信息"交流为主要方式的知识生产与创造网络和新型的高校、科研机构与科技型企业结合的组织形式，旨在使高校、科研机构与科技型企业合作各方保持长期合作、稳定互利的关系。

在战略层面，要利用企业调研、高校人才优势、技术攻关等开展全面合作，通过人员联合培训推动技术创新，丰富人力资源储备，以提升自己的综合竞争力。高等院校、科研机构和科技企业应建立长期合作伙伴关系，双方承诺在战略联盟中具有促进资源共享的义务，这是促进企业和高校制定风险和效益观念，解决技术和经济一体化的有效方式。

(二) 知识管理的协同

知识协同是高校、科研机构和高科技企业合作创新的核心，属于知识管理的协同发展阶段，知识实现转移、吸收、消化、共享、整合、利用和再创造，根本上是隐性知识和显性知识在企业、高校和合作组织研究机构之间的相互转换和推广。知识协同包含多个反馈环节，其理论逻辑包括社会化、外在化、整合化、内在化四个阶段。高校、科研机构和科技型企业的知识管理协同要考虑以下四个因素的功能。

1. 高校、科研机构和科技企业重视隐性知识协同

显性知识的获取比隐性知识更容易，但隐性知识是核心竞争力，隐性知识往往难以互动，只有通过观察和实践理解其含义。比如企业将员工送到高校或研究机构参加学习或研究活动就是最好形式，能够获得生产和市场的第一手资料，还可以通过企业实践来培养学生。

2. 高校、研究机构和科技企业进行组织学习协同

高等院校、科研机构和科技企业之间的组织学习是一种非竞争性的合作学习。虽然学习效果受到合作方式、合作历史、信任复杂性等多种因素的影响，但在这些合作研发中，由于公司和高校的人员大约各占一半的比例，研究人员在一种开放的环境里，所以会帮助企业实现很多想法和知识产权。

3. 高校、科研机构和科技企业注重知识界面管理

在高校、科研机构和科技型企业的合作中，要设计一个类似组织内部知识互动的"场"，确保在接口最大程度与不同组织共享知识。高校、科研机构和高科技企业知识管理是一个交互式界面，在一个共享的社会背景下，扩大本组织的知识范围，这样，与其他组织共享知识，不仅自己能获取信息（线性增长），也可与其他组织进一步反馈问题，放大和修正，从而提高原始发件人的知识价值，促进高校、科研机构和科学指数增长。

4. 高校、科研院所和科技型企业强调知识协作和信息联网

随着现代信息技术的发展，高校、科研机构和高科技企业的发展逐步以现代信息技术、网络技术为支撑，围绕目标形成知识分享平台，使知识快速传递与转移，在新的情景下得到有效利用和发展。传统的高校、研究机构和企业合作中的沟通方式主要是通过电话和信件，速度慢，效率低下，依靠信息网络高新技术，企业成员可以通过内部局域网进行信息交换，提高自由和合作的紧迫性，缩短知识转移和互动过程。

（三）技术研发的协同

研究开发的本质是主体协作创新，是不同学科之间的协同创新。提升协同效应包括创新协同程度提升和创新绩效实现两个层次，主要受研发协同能力、协同创新管理机制和外部环境安全等因素的影响。

根据研究机构内容和形式的协同战略选择，建立协同创新演化博弈模型，可以减少研发协同成本，改善协同实质性额外收入，减少机会主义的危害。政府会介入博弈，这表明最佳的策略是始终保持高压处罚措施，从而促进实质性协作创新。同时结构式方程路径分析表明，协同创新管理机制是提升协同创新程度的一个重要因素，协同开发本身不直接提升协同创新效应，必须通过一定的传导机制，建立一个良好的组织协调机制和契约制度，才能实现协同创新效应。

实施企业创新型合作可以评估构建企业创新、研究和利用创新技术与创新协同效应程度之间的关系。该关系的计量经济模型协同指数形成一定程度的评价标准，结论将更有说服力。有研究表明，联合创新和政府的支持程度，对企业创新有积极影响，但对创新利润率指标则有负面影响，很难得到企业协同创新更多的收入。因此，加强企业合作创新的效果，必须完善资源投入机制，提高创新协同程度和运行效率，并影响和发挥风险投资的作用。

（四）组织平台的协同

高等院校、科研机构和科技型企业是涉及不同利益目标的协同创新主体，是一种独特的混合型跨组织关系。传统的高校、科研机构和科技型企业的合作，合作项目小，产生的效果也小。近几十年，根据不同的产学合作目标、范围和方法，通过产业合作的研发中心、科技园、技术工业区、工程技术研究合作中心、孵化器、建立研发中心或实验室、合资企业等方式，可以实现更大的、跨学科的、探索性的合作。

研究项目克服了传统的产学合作研究项目，除近年建立国家工程研究中心外，还大力推进科研机构和高校，以及科技企业建立新战略联盟，通常是企业为主导，协同相关学科专业高校和有优势的科研院所，致力于共性技术和关键技术的开发。其中高等院校、科研机构和科技型企业组织协同的特点包括：高度重视组织的结构（structure）协同和过程（procedures）协同；成立协同创新委员会等专门机构管理高校、科研机构与科技型企业合作的过程；加强网络化高校、科研机构与科技型企业协同创新的组织运作；加强各种支持性组织共同参与高校、科研机构与科技型企业的协同创新等。

第二节 高校、科研机构与科技型企业协同创新运营机制

一、高校、科研机构与科技型企业协同创新系统

(一) 协同创新系统的构成要素

1. 高校机制的制约

科技成果转化为现实生产力，研发机构是基础资源泉。在市场的牵引下，研发机构应开发各种产品满足市场需求。大学汇聚了一大批科技领先的研究人员，本应是科技成果转化的重要基地，但现实并不理想，其主要原因如下。

研究方向和重点偏离。高校长期以来形成的观念是"重理论研究、轻实际应用"。一些科学家往往是注重理论推理和实验数据论证，而不注重与现实的联系，不重视解决实际问题和能否促进区域经济及社会发展，导致科研和生产实际严重脱节。

成果过剩和短缺并存。应用研究固然重要，但由于市场信息和实际生产需求不吻合，高校、科研机构只是注重技术发展，忽视技术应用现实性，缺乏对社会背景的考察，进而导致研究成果不符合实际需求，企业需要的成果高校、科研机构又无法满足。

成果转换往往半途中止。从理论研究到转化为现实生产力，需要经历多个环节。目前，"实验型"的研究成果要达到实用的要求，还需要经过大量的实验与改进。面对科学技术发展力量薄弱的困境，我们的研究型成果应该多多倾向直接用于"生产"的成果，但是现实中"实验型"的研究成果往往较多，成果转化总是难以推进，这种矛盾非常尖锐，始终得不到有效解决。

激励机制效果不够明显。当前，高校的激励机制更加强调学术排名，重视论文、论著数量、课题、获奖层次、学术研究，轻视成果应用，致使很多教师整天忙于申报课题、发表论文、申请专利、报奖评奖，不考虑如何将其成果转化为现实生产力。

不重视对知识产权的保护。一项成果完成后，由于缺乏市场意识、忽视无形资产，不采取保护措施，为了晋升职称急于成果鉴定、发表和出版，不注重推广应用和经济效益，往往使得成果转化付之东流，放过获得经济利益的机会。

缺少专门的成果监管机构。目前，高校普遍设置了科技处，但是科技处的主要职责是帮助教师申报课题、成果鉴定、评奖等，科技成果转化不是主要职责。由于没有管理机构的对外联络和服务，导致很多优秀的科技成果没有得到及时转换而失效。

2. 社会机制的制约

缺乏社会环境的支撑。成果转化离不开社会系统的支撑，社会支撑系统发挥着宏观调控和组织管理的作用。社会支撑系统主要体现在国家机构方面，主要包括宏观经济政策的制定，财务、人事、物资等方面的保障。总之，科技成果转化需要有一个良好的社会环境。但是从我国目前来看，社会环境还不够完善，主要表现为：

缺乏社会激励和引导。目前，中国高校研究人员主动面向市场找项目的不多，往往是被动地等待。等待国家发布科研项目，等待国家提供科研经费，不会面向经济建设主战场，到企业找科研项目和科研经费，其主要原因是激励和保护机制不到位，科研人员走产学研相结合道路的积极性不够高。

缺乏完善的法律体系。近年来，随着依法治国步伐的加快，科技成果和高新技术转化方面的法律法规逐步加强，但是与发达国家相比，还不够完善，在数量上和覆盖范围上都不能满足市场经济和科技成果转化的需求。因此，要不断完善法律法规，为技术成果的商业化和产业化提供强大而可靠的法制保障。

缺乏强大的资金支持。成果转让方和受让方都面临资金问题，资金是成果转化的重要保证和前提。当前，我国科技成果推广和转化缺乏强有力的资金支持，致使许多产品无法投入试验，极大地损害了科研开发人员的积极性，影响了科技成果的及时转化。

缺乏人才团队的支撑。人事问题是核心，现实中很多人乐于搞科研、但不愿意搞成果转化，主要原因是缺乏专业人士在这方面的帮助。致使从事科技成果转化人员越来越少，已有研究也不能进行转换。

缺乏必要的机构和中介。虽然科技成果具有重要意义，但目前还没有具体机制，所以无论是在精力上还是工作力度上，都存在显著差异，不利于科技成果转化。此外，只有一些必要的社会中介机构是不够的，况且有的也没能发挥其应有的作用。

从根本上说，市场主导促进商业价值连续转化，鼓励企业继续吸引新的科技成果。科技成果转化为商业产品和产业的形成，独自驾驶市场是不够的，还需要政府推动，政府部门通过经济、法律、行政等手段来规范引导。人才是科技成果转化过程中的第一个元素，科技成果研发需要科学家，生产和管理的发展需要企业家。科技成果转化既需要敏锐地发现科技成果的价值，同时也应该转化为产品和市场，这就需要高质量的劳动力。资金是科技成果转化的必要条件。科技转化每一个过程都需要投入,四个阶段投入大量增加,构成一个有机的整体,只有相互联系、相互制约,才能实现成果转化的动态平衡与协调运行。

3. 生产单位的制约

生产单位的需求是科技成果转化的根本动力,直接影响着科技成果转化的速度和规模。企业是科技成果转化的主体,企业要想增强活力和市场竞争力,必须建立创新体系,促进科研开发与市场需求相结合。

企业的短期行为是影响技术发展的主要因素。目前,大多数企业单纯追求企业利润,不愿意投入更多的资金到产品研发中,对产品正式投产前的准生产性试验普遍缺乏热情、不愿意承担风险,致使企业科技成果创新和转化能力比较低,很多具有良好开发应用前景的成果得不到应用,重复生产、粗放型加工成为普遍现象。

企业缺乏必要的研发资金。企业的主要目的是赢利,在资金不足的情况下,科技成果研发总是显得勉强。由于资金的不足,制约了企业的技术进步,企业很难把潜在生产力转化为直接生产力。

缺乏受让企业项目、决策系统的评估。在市场调研和充分论证的基础上,充分考虑资金、设备、人员、技术等因素,受让项目才能找到合适的高校。科技成果市场定价机制不完善,就难以准确判定成果价值,致使企业不愿冒险投入,使科技成果难以转化。

(二) 协同创新系统的构造环节

1. 确定影响发展的障碍或"短板"

高校、科研机构和科技企业协同创新,在一定的市场环境下,是一种以技术转化为目的的经济创新活动,深受所处经济环境的驱动引导。市场的供给和需求状况,提供了两者协同创新合作的出发点,也提供了产品转化的最终点,是推动协同创新的直接动力。企业通过预测找到对企业发展具有重大意义的新市场,并且有较大的供给和需求空间,但高校、科研机构和科技企业面对这么大的目标市场,不具备满足大量需求的独立开发能力。在这种情况下,广阔的市场空间引起高校、科研机构和科技企业三方合作的强烈愿望,便形成协同创新的可能性。

市场能力主要包括市场供给和需求能力,表现为供求关系和市场竞争等,为原始创新合作提供了可能性。公司的优势表现在营销和生产方面,是生产力的代表;高等院校和科研机构的优势,表现为具备科研创新的人才和设备,是科技创新能力的代表。当企业需要科技研发时,在一定的市场经济条件下,双方基于自身优劣产生合作的可能性就较大。合作愿望受供需结构的制约,当需求超过供给,即达到一定的生产规模的公司,有可能以更低的成本获得更高的利润,协同创新的动力就会减少。但是,如果市场相对饱和,市场需求小于供给或类似的替代品时,许多企业为了生存和发展将加强技术创新。

当企业需要创新但又无能力实现这种需求时,就会有强烈的动机进行合作。市场竞争状况和交易成本影响合作成功的机会,市场份额确定竞争地位,交易成本和合作盈余(利润)的大小影响双方是否合作,如果利润大于交易成本就很容易产生协同创新,特别是在知识经济时代,知识发现和使用是紧密结合起来的,二者将发生更深层次的整合。

2. 寻找出潜在的利益和合作空间

对于企业来说,具有核心技术,就具有了核心竞争力。历史证明,企业寻求科技进步的步伐从未停止过。科技产业不仅是构成生产资料的要素,更具有满足生产发展所需要的能力。大企业虽然有一定的研发能力,但不是在所有领域都具备这种能力,我们不能想当然地认为企业能够承担科学技术研究的各个方面。对于中小企业来说,研发成本高,要求能力强,自然会有与大学合作的强烈愿望。进一步的产业合作使公司能够接近高校关键人员,提高知识水平,提升综合学习的能力,从而实现可持续发展,成为高等院校、科研机构和科技企业协作的主要动机。

大学具有科技创新、人才培训和竞争的优势,以及高层次人才服务社会的显著特点,大学的教育教学质量、科研水平、社会服务影响着政府投入和社会评价。因此,高校、科研机构和科技企业协同创新,不仅局限于融资、增加收入,更重要的是提高内部核心竞争力。大学与企业的合作,一方面可以丰富和创新大学教育内容,使学生开阔视野、掌握学术前沿、熟悉市场、增强实践创新能力和提高社会责任,加强人员培训水平;另一方面也可以促进教师获得新的研究方向和学术成果。大学研究人员具有把握未来的能力,在创造深度上具有独特优势,在学校外部资源的支持下和风险基金的帮助下,创办自己的企业,成为各自行业的领导者。通过战略联盟共享科研成果,实现有效竞争和合理分配,同时提高自己的核心竞争力。

总之,高校、科研机构和科技企业,在更广范围、更高水平上满足了协同创新的需求,通过资源优势互补和整合提升竞争优势,实现综合发展目标,树立新的地位、品牌、形象、信誉,提升核心竞争力。特别是高校和学术机构,如果能够满足其对学历学位、训练水平、社会信誉的强烈渴望和追求,即使没有强大的经济利益,他们也会考虑合作的问题。相反,如果得不到一个好的名声,即使潜在利润再大,合作也可能土崩瓦解。

3. 整合集成创新资源

罗纳德·哈里·科斯（美国，芝加哥大学教授）在《企业的性质》一文中指出，消费者在购买产品与多个通信公司沟通，将有许多交易成本。因此，联合生产往往比单一的生产成本更低，能够获得更高利润。高校、科研机构和科技型企业能够把各自的优势资源整合起来，发挥各自的优势，形成一个系统，然后逐个事务可以通过交换系统进行更换，从而减少交易成本，达到资源的合理配置。

与此同时，由于三方合作也难免会产生新类型的成本，可能出现各成员内部合作的监管成本、代理成本和其他管理系统的成本，因此要求获利形成共同生产效益。利润最大化追求是合作的基本动力，交易成本越少，合作积极性越高。因此，高校、科研机构和科技企业的协同创新将着眼于各方资源的合理配置，获得更大的竞争优势，达到三方共赢的目标。

二、高校、科研机构与科技型企业协同创新运营机理

（一）协同创新要素的运营与管理

1. 战略目标

战略目标是理解项目的目的和意义，不同的目的和意义结果完全不同。因此，该项目开始之前，项目发起人要让项目成员了解项目的目的和意义。

2. 人才

在项目管理中，人的因素是非常重要的。有时候，只要有足够的能力和才华的人来担任项目负责人或核心骨干，即使是在不完善的制度和流程的情况下，也能做出好的结果。从整体项目来看，人的因素如何融合到一个合理的项目节奏，需要与制度、流程相结合，以体制、机制来确保稳定。

3. 系统流程

在许多情况下，项目管理研究的是做事和秩序安排，流程和程序的方法。建立和实施一个流程，应该以提高工艺、效率和公司内部管理的有效性作为标志。要做到在整个项目的管理和控制过程中，实施整个项目管理，通过预警和风险规避结算的方式，帮助解决在项目执行过程中遇到的各种问题。

4. 管理工具

项目管理包括项目的分解、执行的优先级等，真正要做好一个项目，很多时候要使用一系列工具、方法或技术。其中分解的要点是，把一个复杂的问题简化，确定各个业务模

块的优先次序,加强时间管理、进度管理,识别关键路径等。

(二) 协同创新的评价机制

1. 以经济评价为主体构建成果评价机制

当前的成果评价体系主要集中在完成水平的结果评价,对技术成熟度和产业化程度的结果缺乏适当评价,因而不能准确地反映成果的实际应用。科技成果的完成应该延伸到后期的科技成果商品化,如果成果只停留在实验室样品阶段,不关心结果后续商业化,就有必要削减资金,甚至不进行评价。不主张一纸证书、财政奖励的观念,而是以科技成果在市场中的反映作为奖励标准。

2. 建立有效的科技成果评价体系

指标体系必须反映商业化、产业化前景的整体情况,要求简洁、操作方便,可以从成果价值、市场需求、环境效益和社会效益等四个方面进行指标体系设计。其中核心指标是潜在盈利能力与商业化和产业化的动力,可以是成果本身追求创意的程度,也可以是来自经济、社会的需求和市场的牵引。

3. 规范科技成果的社会信誉评价机构

社会信誉评价体现技术、市场的独立性和权威性。机构人员组成应该以懂经济、法律和技术的高素质团队和良好管理为基础,对科技成果进行全面、科学、公正的权威论证和评价。市场预测未来的发展前景,对工业过程分析、投资和其他风险和报酬,做出有价值的论证评估报告。

(三) 协同创新的良性循环机制

做好高校和各类科研机构、科技型企业的协调,是发挥高校科技整体优势的必要条件。一般来说,要清除内部通道,使上游研究(基础研究)延伸到下游研究(即扩展应用研究,开发研究),实现科学理论转化为科技成果,科技成果转化为产品、商品化。有些高科技成果的应用和开发,需要一个过程,与科研的一定水平、理论和应用研究是分不开的,如果两个相互渗透,与大多数高科技科学技术理论相结合,可能在一个相对短的时间建立一个有效的机制,形成良性循环。这些机制一般包括衔接机制、"泵站"机制和竞争机制。

1. 衔接机制

基础研究向应用研究的延伸,需要建立一个衔接机制,促进学校的统一转换过程。一定时期，一些高校片面强调创收，成立独立的科技开发机构，把科学技术开发孤立起来，造成技术管理工作脱节和混乱。目前，通过学校的管理体制改革，合并研发部门，建立科学技术厅（部），把科技工作的前期和后期进行统一管理，理顺了内部关系。体制问题解决后，关键是创造更好的科研条件，使科技成果从上游到中下游顺流。

2. "泵站"机制

高校作为一个开放的系统，需要采取行动，促进能量流、物质流和信息流的及时"抽水"，确保正常流入学校。但是，较高的内部需求要求资金、设备的投入和支持，特别是高新技术成果的转化改造，需要投入大量的资金、设备，分别申报取决于研究性质的项目。广开渠道申报问题的类型是一种方法，贷款也是可行的措施，建立学校发展基金，支持科学技术研究和开发，以避免中断或条件暂停。高校已经建立的学科、重点实验室，也可以给予支持。由政府主管的工程技术研究中心在部分高校已经建立，可以统筹工作，促进更成熟的高科技成果研发。

3. 竞争机制

这种竞争，有的体现在课题组内部，主要是个人之间、群体之间的竞争；有的是高校群体之间的竞争，主要是争取高新技术项目、推广高科技成果；有的是在高等院校和科研机构之间的竞争；有的是部分高校参与国际竞争。目前世界高新技术的竞争非常激烈，我国先后建立了"863计划""火炬计划"等。高校重视高科技项目竞争，而对产业化竞争没有引起足够的重视。为此，当前应切实做好科技成果转化，加强科研推广和技术服务，建立动态的、健康的竞争机制，积极参与竞争监管，在高新技术发展及其产业化中发挥促进作用。

第三节 高校、科研机构与科技型企业协同创新保障机制

一、高校、科研机构与科技型企业协同创新的保障因素

（一）受文化价值观影响的目标制约

参与协同创新的三方，如果具有共同的价值观和文化，就容易形成互赢的心理期望和持久的合作伙伴关系。但学术机构和企业深受各自文化的熏陶感染，有不同的价值观和目

标导向。

1. 大学与企业不同的价值取向

虽然高校和企业之间的协同创新都将在合作的过程中带来可观的收益,但也有许多问题。大学和企业在协同创新中地位和宗旨不同的根本原因是两种文化理念和核心价值观的不同。

作为一个以营利为目的的商业组织,企业的主要目的是为了降低成本,实现利润最大化,因此要注意协同创新的经济价值。大学是一个学术机构,具有三大职能,即人才培养、科学研究、社会服务,创造传播知识是其社会使命,学术导向相对明显,为此,是否有利于学术研究、提升社会声誉可以作为大学参与协同创新首先要考虑的因素。

这种差异折射到实践操作层面,就是大学和企业在长期研究中的差异,特别是在以下几个方面。第一,企业倾向把研究知识转化为可销售的产品。不管最初企业多么重视基础研究,最终必然会转换为应用,强调研究应用是企业的共性。对于大学而言,在知识创造的目标引领下,在各种理论的驱动下更加侧重于基础理论的分析和探究。第二,企业应用研究的目的是为了获得技术进步的经济回报。技术使企业生产获得独特产品,或使其竞争对手更高效快捷。专有知识是在这些优势的基础上,充分利用商业秘密或专利中的先天优势,顺利完成高精尖技术的研发和生产,因此企业研究本身具有保密性的特点。大学有系统地推广和传播知识是社会责任的表现,通过出版研究成果、共享知识发展进程,在带来知名度和美誉度的同时,积极促进学术自由交流,追求更高的专业认可,给社会带来更多的理论贡献。因此,企业和大学的研究目的存在很大差异。

2. 在高校学术商业化的纠纷

在大学,也有学术的商业化和知识创造的分歧和争议。大学与企业的目标和治理模式是不同的,学术机构的主要使命是创造知识,并通过研究和教学传播知识。为此,大多数大学由学校管理委员会管理,这使得大学在确定目标方向方面能够收集各方意见。大学衍生品对于创造和传播知识这一传统目标,也造成了一定的困难。商业化对传统的大学目标产生不利影响,成果转化和学术责任产生利益冲突,该行为缺乏学校的广泛支持。

第一,传统的大学目标受商业导向的负面影响。大学校园衍生产品带来的商业化,会产生负面影响。尤其是衍生重置该大学的活动目标,变为商业化的目标,而不是传统的知识创造和传播。因为大学只有知识创作和传播这一个传统目的,所以批评人士说,衍生品研究改变了大学的这种独特作用。这种担忧来自一种不安的感觉,寻找商业应用和金融支持使得高校对知识的追求变得更加迷茫和困惑。

第二,学术责任和技术转让的利益冲突。利益冲突是给大学的目标和使命带来的另一个困难。反对者强调,潜在的商业利益来自衍生品的研究,学术责任受到忽视,冲击了教学和科研精力的投入,在技术转让过程中追求个人利益。一些研究人员指出,衍生产品和学术责任发生冲突,衍生品创造了学术工作的机会成本,因为发明者、创业者把自己的重点放在提高自己公司的资本,而不是追求补助奖金。反对者还指出,时间和精力相比在冲突的形式中不是很常见的,是一种更隐蔽的利益冲突。特别是,当他们在所研究公司的持有股份时,存在金融滥用的潜在可能性。为了避免利益冲突,许多大学衍生公司,避免公司成立在同一所大学,但这种解决方案将对公司产生不良影响。最后,在该公司研发成功的衍生品从纳税人资助的研究中获得个人经济利益的可能性。批评者认为,用纳税人资助的研究赚钱,却没有给纳税人进行财富上的弥补。

第三,学院支持力度不够。大学治理委员会的工作形式,是制定有效的政策和程序,大部分教师必须支持这些政策和程序。大学衍生公司已经成为一个问题,因为大多数学校都不从财政上支持企业进入大学。事实上,很多大学表示,衍生产品的研究与知识传播的学术价值有冲突,但是这种冲突表现为长期研究、学术自由和利益的冲突。由于大多数大学教师一般不支持衍生品的创作,因此该行为必须由中央管理来驱动,这当然会引起中央管理和大学治理的冲突。此外,即使行政部门建立有利于衍生产品的政策,大学衍生品研究人员也会感到很不舒服。

衍生产品将加剧学术单位之间的冲突,尤其是在以应用和商业化为导向的领域。不以商业化为导向的艺术和人文科学领域,也同样存在冲突。衍生品之所以参与这场冲突,是因为有关的工程和科学的目标,对于社会科学和人文科学几乎没有任何帮助。

因此,衍生产品往往成为人文科学与工程学院争的焦点,工程学院希望得到一系列政策支持鼓励衍生产品,而人文与科学要得到另一类政策来限制衍生产品。工程科学尤其是学院,更愿意得到扶持政策,从衍生品的大学获得财产,这种想法比社会科学更强烈。在科学领域中大约19%的学院及药学领域24%的学院已经建立了企业,而在人文学院只有2%的学院建立了公司。工程、科学和医学院由于学院本身的利益,自然就比艺术和人文学院更加重视和支持技术转移和衍生产品研究行为。

(二)技术开发与技术转移的权益导向

由于协同创新的主体不同,在知识产权的占有和使用、评价方法和风险分担方面就会产生分歧，就会使合作产生冲突，使技术转移和共享变得困难。在早期的合作中，因为每个人都有不同的优势，比较容易达成某种协议。但随着项目的进展，将有不同的利益出现不同的价值观，因而利益分配往往矛盾重重、达不成一致。如果双方不能在知识创新、机会成本、技术风险和管理成本等商业领域达成一致，合作项目将成为"一次性事件"，甚至暂停。如何设计一个合理的战略利益分配机制，达成"利益均衡"，这是协同创新的重中之重。

（三）资源共享与优势互补的平台导向

不同社会制度、文化、资源、能力，不可避免地造成协同创新的障碍。有学者指出，从大学到企业的知识转移的水平过低，企业对知识结构缺乏认识，大学对科学知识共享缺乏满足感。在捐赠方如大学或科研院所和接收方如科技型企业遇到的最常见困难如表6-1所示。

在捐赠方如大学或科研院	在接收方如科技型企业
只看到拥有知识的好处	缺乏信任
缺少将知识传授给非专业人士的能力	缺少知识处理的机构
缺少与产业合作者面对面的交流	缺少有关知识怎样转移的知识
语言及文化障碍	语言及文化障碍

表6-1　捐赠方和接收方遇到的最常见困难

这两个方面主要涉及交流、语言和文化障碍。一些科学家在科学杂志上发表了一些文章，虽然作者免费提供自己的论文，其结果也不会被用于企业的需要，尤其是没有能力支付研究费用的中小企业，主要原因是企业家和专家之间的障碍。

二、高校、科研机构与科技型企业协同创新的内部保障

（一）持续的自我完善与不断创新

大学和企业建立合作应遵守三个原则：一是成功大学与产业合作，应该相互支持合作伙伴的使命，与合作伙伴相互冲突的目标会最终导致合作失败。二是政府和国家资源应重点关注大学和工业界之间的合作与长期培养。三是大学和工业界应着眼于每一方的利益，通过精简谈判，以确保及时研究和开发出新成果。

爱德温·曼斯菲尔德（美国，技术创新理论的代表人物）等人研究了美国66家公司，

大学知名度、学术人员类型和质量对企业研究合作伙伴选择具有重要的影响，认为科研和大学质量水平是决定性因素。作为美国最好的学院之一，乔治亚理工学院建立对外合作具有典型性。在乔治亚理工学院可以找到几乎所有行业或经济发展的合作，而且从实际情况来看，学校是政府以技术合作伙伴为中心的经营管理伙伴。该校合作基金主要通过自己努力，保证产学研合作的进度和美国研究型大学的成功。其主要经验如下。

1. 与企业合作成为学校的突出使命；
2. 规范研究合同的政策和程序体系；
3. 产业机构积累大量成功经验。

（二）发展战略的动态趋同

1. 建立产学联盟作为企业发展的战略途径；
2. 提高自己的创新能力；
3. 构建企业管理联盟的能力。

（三）协同创新资源的有效配置

协同创新可以有效配置资源，面向国家重大需求，解决经济社会发展的问题，同时也可以培养创新型人才。协同创新不是目的，只是一种手段，对此必须有一个清晰的认识。协同创新也可以是一个概念，具体而言，它是一种组织形式，是为了更好地分配资源，解决知识资源的碎片化问题，促使资源更好地转换等。其目标是建设创新型国家，使经济和社会发展更科学、更健康。

协同创新是资源分配，即将不同的资源放在一起并有效分配各种资源。各种资源的有效配置，牵涉中间利益的问题，因为不同的利益相关者会有一个中间摩擦。

协同创新可配制主营业务相关的资源。教育部提出在高校设立中心来组织实施，我们需要去配制产业资源、政府资源、官产学研，这样的话，就涉及多个利益主体，可能纵向的涉及产业链各个环节的问题，横向的又涉及国际国内各个环节、各个方面的问题，所以这中间要协调好利益相关方的利益。事实上，它也是利益相关方不同的利益诉求博弈，最终达到均衡的过程。协同创新的目标是合作共赢，如果在协同创新的过程中没有平衡好利益，最终也无法成功。因此，要把资源建在市场配制的基础上，解决好利益各方面的共同需求、共性需求，还有包括一些个性的问题。

(四) 协同创新系统的有效规约

从管理的角度看,协同创新是一种制度安排,这中间有很大的创新问题。那么在哪里寻求投资机会呢?要在结构调整中寻求投资机会。目前中国处于转型阶段,而转型期又进入关键阶段,因此会出现很多投资机会。所以要把握好这个阶段中的机会,做好管理。

协同创新是对科研规律、产业发展规律新的认识和升华。协同创新可能适合很多领域,但一定是以科学研究为龙头,包括了官产学研,所以也一定与产业有关,符合解决产业和经济社会发展的重大主题,这也体现了协同创新的规约性。

第七章 高校科研队伍的组织文化建设与科技创新

第一节 高校科研队伍组织文化的内涵

一、高校科研队伍组织文化的实质

组织文化是一个组织的内核。了解组织文化，有必要先了解文化的定义。目前在学术界对文化的定义有广义和狭义之分。英国人类学家爱德华·泰勒认为广义上的文化"是一个复杂的整体，它包括知识、信仰、艺术、法律、伦理、习俗以及作为社会成员的人应有的其他能力和习惯"。狭义的文化指"人类所创造的精神财富的总和"，它主要是指对人们的价值观、理想信念、目标追求、精神以及这些内化层面的外在表现。文化现象遍布于组织生活之中。借鉴文化的定义，大学学术组织文化就是指大学中学术组织所特有的为所有组织成员共同持有的价值、信念、精神和目标追求及其外在表现的综合体。具体来讲，学术组织文化主要包括学术理念、学术目标、学术精神和学术氛围四个方面。

（一）学术理念是导向

所谓理念是指远景与方向的指导原则，是理论化、系统化的具有相对稳定性和延续性的认识思想和观念体系。它是一个组织的最高领导原则。相应的，学术理念就是学术组织发展远景与方向的指导原则，是学术组织最高领导原则，是学术组织在其形成过程中对学术组织的性质、使命、责任、目的、功能与价值等一系列问题的理性认识。学术理念的核心主要蕴含三个方面的含义：第一，关于学术组织性质的认识；第二，关于学术责任观；第三，关于学术组织的发展观。据此，学术理念的本质特征，其变化自然也就表征着大学理念的发展。这三者是相互联系的，学术组织性质观决定了其责任观，使命观蕴含了学术组织的发展方向,即发展观。

(二) 学术精神是灵魂

劳伦斯·米勒(美国著名心理学家、作家与管理培训讲师)(Laurence Miller)在《美国企业精神》中指出:"一个组织很像一个有机体,它的技能和构造更像它的身体,而坚持一套固定的信念,追求崇高的目标而非短期的利益,是它的灵魂。"学术精神是学术组织文化的高度浓缩,是学术组织文化的灵魂。学术组织精神指在组织哲学和组织价值观的指导下经过精心培养而逐步形成的并为全体学术成员认同的思想境界、价值取向和主导意识。它要通过学术组织成员有意识的实践活动体现出来。学术组织精神反映了一个学术组织的基本素养和精神风貌,反映了组织成员对组织的理解和认同,也包含了对组织未来发展和命运所抱有的理想和希望,成为凝聚组织成员共同奋斗的精神源泉。组织精神具有强大的凝聚力、感召力和约束力。

(三) 学术目标是关键

目标是个人、部门或整个组织所期望的结果,它是企业或组织所指向的终点。学术目标即学术组织通过组织成员的共同努力所要达到的最终结果,是组织努力奋斗的方向,是组织成员共同的行为导向。学术目标的表象在于学术研究。学术研究不同于知识普及。后者并不要求普及者创造新知,而学术研究是要创造新知的,要讲出人所不知、人所未讲的东西,也就是说,学术研究必须标新立异、卓尔不群、别具慧眼、独树一帜。创造新知是学术研究的终极目标,也是学术组织存在价值的根本前提。只有明确了创造新知这个根本的学术目标,学术组织成员才能明确自己的使命和努力的方向,才能涵养性情,忠于高尚的学术探索;才能不断学习,不断思考,保持思维的灵敏度;才能有一种耐力的支撑,不为外界的纷扰而背离学术研究的初衷。

(四) 学术氛围是保障

所谓氛围,是指特定环境中的气氛和情调,它可以使人产生一种强烈的感觉。这种感觉来自特定环境中所体现的精神。学术氛围是氛围的一个从属概念,是通过各类学术性制度和活动积淀形成的学术本质、个性、精神面貌的集中反映。学术氛围包括制度氛围和观念氛围。观念氛围是制度氛围的内化体现,制度氛围是观念氛围的外化表现。良好的学术氛围能最大限度地启迪学术人员的思维,发掘学术人的兴趣,强化他们对学术的执着和对学科的热爱，能促进学术人员严谨的治学态度和踏实的学术作风。具体来讲，因为学术组织结构的特殊性，即"在学术界，工作等级是极为平坦的，联合方式也相当松散"决定了其学术氛围在制度上的民主性特点，在学术与真理面前，每个人在人格和地位上都是平等的，没有高低贵贱之分。组织成员应该拥有平等的权利。学术氛围另一个重要的方面是学术竞争氛围。竞争是任何组织保持活力的一个重要因素，没有竞争就会使人产生慵懒、不思进取。因此，合理的竞争机制是学术氛围不可或缺的一个重要方面，也是学术组织成员拼搏精神的重要动力之一。良好的学术氛围还应该包括团结合作的处方式。现代学科分化越来越细化，单凭一个人的力量去完成某个知识的创新无异于天方夜谭。只有加强学术组织成员之间的彼此合作，达到对共同目标的认可，才有可能取得丰硕的成果。

二、高校科研队伍组织文化建设的内容

（一）学者文化

"交往"简单地讲就是主体之间的相互作用、相互沟通、相互理解。普遍意义上的交往是人类的一种内在需求，能够满足人的心理需要。但普通的交往一般没有比较稳定而长期的目标，没有特殊的交往主体，没有外在的来自社会的期望与要求。因而普通交往的组织结构比较松散，人们在各自的需求满足之后就自然散去，以后也可以因为别的目的而再次聚合。而学者之间的交往不只是简单的相互认识的过程，更是一种包容、理解、认同和促进的过程。通过交往，大学学者在知识与情感方面实现了对话与共享，使相关主体共同在场、共同参与、彼此分享对方的知识经验和情感体验。所以，与普遍意义上的交往相比，大学学者之间的交往不仅有着特殊的交往主体和交往情境，而且交往目的更为明确、交往功能更为强大。大学学者交往的特殊性和意义可以归纳为以下四点。

1. 大学学者的交往是一种知识性交往，能够促进经验技能的共享

大学学者之间的交往是以知识流通为基础的，是一种相对特殊的学术性交往。"学术是一种群体性活动。你不可能单独地从事研究工作。你从事研究和出版著作，也就意味着你将把你所知道的东西教给别人。为了确保学术之火不断燃烧，学术就必须持续不断地进行交流，不仅要在学者的同辈之间进行交流，而且要与未来学者进行交流"。通过学者之间的交往，学术得以传播，学者的学识得以增强，学术得以快速发展。这是因为：第一，大学学者在交往中能够分享彼此从事学术工作的感受，通过相互安慰和激励来克服消极情绪、保持良好的工作心态和高昂的学术热情；第二，大学学者在交往中能够与学术同行分

享各自的成功经验或失败教训,以此改进工作,甚至从中归纳出相关知识技能或原理方法,使之升华为学术的一部分内容;第三,大学学者以自身工作中的疑难问题为对象展开交流,有助于形成解决问题的行动策略,促进自身工作的顺利开展;第四,大学学者围绕文本知识进行探究与研讨,能够促进研究的深化和创新能力的提高,以此加速创新成果的产出。以上这些显性和隐性知识的交流和共享,对于大学学者的发展都是极其有益的。

在现实生活中,大学学者交往所发挥的改进工作的成效是显著的。大学学者在学术工作中需要了解他人的成果,更需要学术同行的支持与协作。他们要与学术同行保持密切的信息联系、不断交流看法、互助合作。许多科研课题的选题、研究思路、主要观点、研究方法等的形成,都得益于自由讨论中碰撞出的思维"火花";多学科的学习交流和分工协作更能克服单学科研究的困难与不足,提高研究成果的普遍性和适用范围。所以,大学学者之间的交流是探索真理的一种有效途径,学术工作的开展需要前人知识的积累和同侪间观点的碰撞,没有这种直接或间接的交流与互助,大学学者单枪匹马、闭门造车,必定很难取得大的成果。

2. 大学学者的交往还是一种情感性交往,能够促进学者心灵层次的融通

交往是一种相互对话、相互沟通和相互理解的过程,交往主体由相互认识走向相互承认,进而达到相互理解和接纳。大学学者之间深入的沟通与交往虽然以探讨高深知识为基础,但同时也是情绪情感相互交流的过程,是思想、精神相互贯通的过程。心灵层次的交往超越了对知识的阐述和单纯的对学术的追求,更多地表现为对学者的现实生活的人文关怀、对存在的现实关切。

可见,大学学者虽然是知识层次较高的"社会人",但社会交往对其心理需要的满足和个性的完善同样具有不可忽视的作用。拥有不同学科背景和知识经验的学者在相互交往中,可以探讨共同关心的社会问题、增长个体知识经验、了解其他学科方向的思维方式和价值倾向,这对于学者开阔知识视野、提高思维能力是很有益处的。从这个角度来讲,大学学者交往与普通交往的最大区别就在于它的教育性和目的性。学者之间的交往主要依托学术而进行,但又绝不仅仅止于学术,还要追求学者之间心灵的沟通与理解。知识交流与情感交融在大学学者交往中实现了很好的整合,使交往成为学者获取知识、获得学界精神支持的重要途径。

3. 大学学者交往是一种学术发展性交往,能够促进学者在学术圈中获得承认

大学学者同事之间密切交往,是扩大其学术影响的重要手段。大学学者都是所属"科学共同体"的成员,他们所处的学术地位、所能获得的学术声誉与他们是否开展和是否擅

长学术交流和交往密切相关。如果大学学者与大学内外的其他学术群体（包括本学科和其他学科的）保持广泛的学术联系、积极参与"科学共同体"的各项活动，就能争取到"科学共同体"的认同和接纳，获得较高的学术知名度。所以，与"科学共同体"的其他成员进行广泛的、经常的和平等的学术交流和交往，是大学学者保持自己的学术生命、与所属学科同步发展的重要条件。通过这种交往，大学学者才能在"学术圈"中显露出自己的声音，在学术界发挥一定的影响，从而获得更好的发展机会。实际上，学者间的互动和追随"科学共同体"，都是科学发展逻辑在大学中的体现。任何学者都不应该闭门造车孤立地开展学术工作，而必须与外界同行互相学习、互相合作、取长补短、互通有无。这是大学学术发展的重要机制，是学者进行学术交往的根本动力。因此，加强同侪之间的交往，就成为大学学者工作的一部分，是他们进行学术生产必须重视的一个环节。

（二）学科文化

大学拥有广阔而多样的学科知识领域，具备跨学科研究的良好条件，是学科文化生成与发展的摇篮。但我国大学的跨学科研究起步较晚，发展的组织化水平较低，难以充分发挥跨学科研究的应有功能。因此，如何正确认识大学跨学科研究的意义、找出制约其发展的瓶颈、提高大学跨学科研究的层次和水平，是我国高校科研队伍建设中需要着力解决的重要问题。

大学的跨学科研究有其产生的必然性和发展的现实推动力，对于大学科技创新力和竞争力的提升意义重大。

1. 不同学科的知识在本质上的相通性是大学跨学科研究的前提和基础

在科学发展的历史长河中，知识由哲学分化成众多学科，科学随着知识的分化而不断向纵深发展。然而，科学的突飞猛进也导致分支学科的综合化趋势日益明显，大量边缘学科、横断学科不断涌现，最终形成科学的高度分化与高度融合并存的局面。打破学科间的条块分割，促进学科交叉与融合，成为科技发展的时代特征和创新源泉。在大学之中，不同学科专业的学者由于专业基础、思维方式等方面的差异，一般很难自发地进行很好的合作。但有组织的跨学科研究却能弥补这种不足，"集体研究可以提供同声翻译，把专家的行话变为共同分享的语言"。通过跨学科研究，能使不同领域的大学学者互相了解、互相借鉴，相异知识基础上的学术思想碰撞，更容易促进学者学术灵感的焕发。因此，大学的跨学科研究意义重大，各种交叉科学往往会成为科学革命的爆发点、新兴学科的生长点、重大技术的突破点和创新人才培养的制高点，对于大学的学术发展影响深远。

2. 解决社会综合性问题的迫切需要是大学跨学科研究的现实推动力

大学的跨学科研究是社会需要催生的结果，从20世纪40年代跨学科研究活动兴起之时，跨学科研究就成为解决社会政治、经济、军事等各方面实际问题的有效工具。在"二战"中，从英国皇家空军的雷达系统到美国军队的新式涡轮发动机的发明，都是众多物理学家、化学家、数学家、生物学家等各类科学家有组织的跨学科研究的结果。到20世纪80年代，跨学科研究更是进入了日新月异的飞速发展时期。各国大学、科研机构都开始了跨学科研究活动，跨学科研究领域不再局限于邻近学科之间，跨越自然科学、社会科学乃至人文科学的研究活动也广泛出现，大大改变了科学和大学学科结构的图景。现代社会中存在很多综合性的实际问题需要研究和解决，比如生态环境的维护和改善、资源的开发和利用、重大自然工程与社会工程项目的建设，以及各种社会系统的管理问题等。为了对各种实际问题做出科学的分析，提出有效的解决方案，需要研究者运用多种知识武器，创造新的方法和手段，进行多学科、多角度、多层次的交叉研究和综合研究。因此，跨学科研究已经成为解决复杂的科技问题和社会问题的重要手段。伴随着这种跨学科研究的开展，许多新的边缘学科、综合学科、横断学科不断涌现，促进了学科在更广泛意义上的交叉融合，有利于大学创新力和竞争力的增强。

（三）团队文化

随着以团队为核心的现代管理理念在大学中的渗透，有些大学内部已经出现各种类型的团队，如教学团队、科研团队、管理团队、服务团队等，以团队形式进行教学、科研、管理和服务成为大学管理的一种发展趋势。

"团队"管理理念在大学中的引入和发展，是为了弥补大学传统组织结构僵化的不足。传统的组织形式就像金字塔，管理层次分明，自上而下统一指挥，强调专业化的分工，岗位职责十分清晰，绩效考核体系也比较完善，在稳定可预测的环境中能够平稳运行。但随着组织内外环境的变化，传统组织形式暴露出一些缺陷：专业化的分工把组织分成相互独立且相互冲突的区域；分工过细使一些额外的临时性工作无人去做，绩效考评也仅限于是否完成分内事；多层结构导致管理人员臃肿，官僚主义倾向明显；表面上的协作压制了组织中的各种观点和冲突，影响组织的创新精神和变革；信息沟通不畅，对出现的问题反应迟钝；组织严重缺乏活力，甚至影响到生存。与传统的组织形式相比，如果某种工作任务的完成需要多种技能、经验，那么由团队来做通常效果比个人做要好。团队是组织提高运行效率的可行方式，它有助于组织更好地利用雇员的才能。管理人员发现，在多变的环境中，团队比传统的部门结构或其他形式的稳定性群体更灵活，反应更迅速。因此，在大学建立一定数量的学术团队，对于发展大学学术是非常必要的。团队由不同学术背景的大学学者组成，具有明确的目标和较强的互补性，相互之间信任感较强，因此能发挥巨大的团体内聚力，有效达成团体的学术发展目标。

虽然以团队形式进行教学、科研、管理和服务在大学发展中具有诸多优势，但当前的大学团队建设仍然存在很多问题，阻碍了团队功能的有效发挥。从一般性意义上分析，我们将大学团队建设中的问题简单归纳为组建问题、内部建设问题和外部扶持问题三个方面。第一是大学团队设置水平低，大多只是"工作群体"，未能达到"工作团队"的具体要求；第二是大学团队内部建设不利，表现为团队缺乏凝聚力、成员精力投入有限、团队缺乏民主氛围、团队较为忽略成员个人的学术发展等；第三是大学团队建设缺少足够的组织和制度支持，具体表现为大学团队与大学组织内外环境缺乏有效联系、团队工作的开展缺乏必要的组织支持、缺乏科学的团队管理制度、对团队工作缺乏定期评估等。针对以上这些问题，大学团队建设工作也需要从团队组建、内部建设和外部扶持等三个方面进行相应的改进。

组建团队是团队文化建设的第一步。为了提高团队的质量，在组建之初就需要注意以下几点。

1. 提高认识水平，正确区分"工作群体"与"工作团队"

在大学中，很多人对团队缺乏深刻的认识，将群体与团队混为一团，把群体误认为是团队。其实，二者是有很大区别的。斯蒂芬·P·罗宾斯把群体定义为：是两个或两个以上相互作用和相互依赖的个体，为实现某个特定目标（工作目标或任务）而结合在一起的。在工作群体（work group）中，成员通过相互作用，来共享信息，做出决策，帮助每个成员更好地承担起自己的责任。工作群体中的成员不一定要参与到需要共同努力的集体工作中，他们也不一定有机会这样做。因此，工作群体的绩效，仅仅是每个群体成员个人贡献的总和。在工作群体中，不存在一种积极的协同作用，能够使群体的总体绩效水平大于个人绩效之和。工作团队（work team）则不同，它通过其成员的共同努力产生积极协同作用，成员努力的结果使团队的绩效水平远大于个体成员绩效的总和。按照斯蒂芬的观点，团队的目标是提高集体绩效，成员之间存在着积极的协同配合作用，责任是个体的或共同的，成员的技能是相互补充的，团队绩效远大于个人绩效的总和。而群体的目标是为了信息共享，成员之间的协同配合作用多为中性的，责任的承担是个体化的，成员的技能是随机的或不同的，其总体绩效大多等于个体绩效的总和。团队与工作群体的根本区别在于工作团队的积极协同作用。团队的这种协同作用可以使组织在不增加投入的情况下提高产出水平。团队的建立是有目的、有方法的，必须使之具备团队的特征。建立团队不是变戏法，并不能保证一定产生积极的协同作用。仅仅把工作群体换种称呼，改称工作团队，不可能自动地提高组织绩效。

2. 增强团队成员的异质性和互补性

为了提高团队的战斗力，在组建团队时必须保持合理的团队结构，这样才能使成员在技能、性格、气质、学缘等方面保持适度差异，以便于优化组合、集成优势、形成最佳的能力结构。团队成员在来源上可以跨专业/学科、跨院/系、跨校、跨地区/国界；在身份上可以有学生、教师、教辅人员、后勤保障人员、管理人员、政府官员、社区人员等；在成员特质上，不同技能、性格、气质和学缘的成员可以形成互补，提高协同能力和创新力；在角色分配上，根据成员的人格特点和个人偏好合理分配工作任务，以提高其绩效水平。

除增强团队成员的异质性之外，团队组建中还有两个细节问题需要注意。一是选择能够胜任工作的团队领导。优秀的团队领导能够成为团队的"精神领袖"、核心和灵魂，成为工作中的向导、指挥者与先行者，并拥有较强的非职位性影响力，体现出高超的专业能力和管理能力。二是保持团队的适度规模。高效团队一般规模较小，大概是20~25人，这样才易于相互交流、相互配合，从而形成较强的凝聚力、忠诚感和责任感。

3. 增加团队的多样化类型

在大学团队设置中还有一个突出的问题是类型单一。目前大学内所存在的真正的团队主要是科研型团队，缺少教学型团队、管理型团队、服务型团队等的有效组合。科研型团队在学科类别上又主要是自然科学类，而人文社科类的团队却发展不足，由于受高校自身科研基础和科研条件所限，目前我国高校的科研主要集中在基础研究和应用基础研究，我国目前已组建的科研团队主要集中在生物、化学、物理等领域，如南京大学的新型微结构材料的制备与物理效应团队、兰州大学的化学合成和化学生物学团队等。

4. 多方协作加强团队组建工作

从大学、团队及成员这些主体来看，高效团队的组建离不开三个方面的共同努力：第一，从"大学"这一主体来看，要从促进知识创新的高度出发，鼓励项目团队的出现和发展，为其调配充足的资源，积极支持项目团队的建设；第二，从"团队"这一主体来看，要立足于学术前沿，形成适宜自身实力和特色的学术愿景，创造成员共同工作的途径，加快团队内部知识信息的交流、共享和创新；第三，从"团队成员"这一主体来看，团队成员要建立可持续的成熟的互动关系,也要善于确立需要讨论的课题,对于"谁拥有某一方面知识""谁能够做什么""谁能够对这个项目做出贡献、能做出哪些贡献"等问题能够进行充分的讨论并达成共识,以便合理分工、取长补短。团队成员之间还应当相互尊重彼此的知识、技术和能力,重视各种不同的观点和意见,充分承认彼此对团队的贡献。

三、高校科研队伍组织文化的基本特征

与包括院校文化在内的其他组织文化相比,高校科研队伍的组织文化有自己的独特性质。

第一,高校科研队伍组织文化的逻辑起点是学术研究。学术创造是高等教育的生命之源,与院校文化中所包含的行政文化、企业组织文化和其他行政组织文化不同,高校科研队伍以知识为中心,并根据个体成员所掌握的不同理智材料而组织起来,是以知识的发现、保存和创新为主要任务的学术系统。它有着学术组织所特有的信念和追求,学术至上、追求真理是其显著特征。与企业或行政文化要建立统一、清晰而明确的目标,并设立严格的等级和程序来实现这一目标,以简化组织活动的多样性、复杂性和模糊性,追求管理的秩序和效率不同。在大学学者的视野中,探求高深学问是其唯一的信条和目标,所以,他们更加看重的是知识的创造。为了这个目标,他们乐意为学术组织的研究活动投入更多的时间和精力。知识的创新和发展能使学术组织的成员在精神上获得满足感,形成对大学、对自己所在组织的自豪感,从而能对学术组织的宗旨、精神、目标和愿景拥有更加深刻的理解和充分的信任。

第二,高校科研队伍组织文化的根本精神是学术自由。学术自由是高校科研队伍组织文化的一面旗帜。学术自由之所以重要,是因为自由地发表新思想和新发现,不仅不必因其向正统挑战而怀有畏惧之心,并且确信这种新思想或新发现如果经得起考验,那就可以使新正统代替旧正统,因而,学术自由是创造新知的必要条件。拥有学术自由权力的人员应该包括大学中从事教学、科研活动的教师和学生,其内容涉及教学自由、研究自由、学习自由、言论自由、思想自由等。在这当中,研究者尤其是教授是学术自由最积极和最强有力的保护者,教授拥有自由的权力,就可以有效地抑制学校行政权力对学术的庸俗化影响,使学术自由的理性光芒照耀着高等教育系统,使学术自由的大旗飘扬于高校科研队伍组织之上空。

第三,高校科研队伍组织文化的目标追求是学术创新。大学的知识品性决定了高校科研队伍组织文化的目标追求是学术创新,它指导着高校科研队伍组织的一切活动和行为。

优秀的学术组织文化不仅能使组织成员有一种良好的组织认知，更能使他们产生对超越自我的信仰和价值观的承诺。当"学术创新"这一价值理念成为主导高校科研队伍组织行动的目标，并把组织引向成功时，它就会成为组织全体成员的共享价值，成为成员们在日常的学术活动和为人处世中不自觉养成的习惯，使全体成员朝着一个既定的目标奋斗，组织成员的向心力和创造力由此会得到更大的发挥，这种精神力量是显性的规章制度所无法企及的。

第四，高校科研队伍组织文化的组织氛围是团结拼搏。高校科研队伍组织文化的氛围首先是团结。团结是优秀组织的典型特征，也是组织成员互相合作的前提。现代科技的发展越来越交叉化、融合化，科学研究越来越难以在单一学科内取得创新性突破。于是，学术组织成员之间的团结就显得越来越重要。团结的文化氛围可以使组织成员更快地得到知识、积累经验、聚集力量、启发思维、开阔视野，从而激发创造性。甚至，在一定程度上我们可以认为，团结合作已经成为学术创新的唯一途径。群策群力的智慧和同舟共济的力量，是任何一个单独的个人所无法比拟的。团结合作氛围下的每一个组织成员都会有着对学术目标的清晰认识和对合作的渴望，这种认识和渴望是组织目标得以顺利实现的重要保证之一。

在积极鼓励团结合作的同时，高校科研队伍组织的发展还需要有一种拼搏的精神气质。拼搏气质最明显的外在表现形式就是竞争的氛围。竞争是学术组织成员在相同的外在条件下，充分发挥和表现自己的学术实力，争取在科研团队、大学和社会认可的过程。竞争是发展的重要动力，没有竞争就会使人安于现状，失去拼搏精神，就会在学术探究中趋于停滞和退化的状态，整个学术组织也会死气沉沉没有活力。学术组织和学者自身的创造激情也会缺乏保障。只有形成拼搏竞争的组织氛围，才能克服组织成员的自负自满，使他们能够鞭策进取、锐意改革和精益求精。

第二节　高校科研队伍的两种组织文化

一、高校科研队伍的优良组织文化

高校科研队伍是指高等学校的教师和科研人员为适应科研活动的需要而形成的正式或非正式的组织。高校教师和科研人员除"个体身份"之外，还是各种正式或非正式组织的成员，这些组织大小不一、纵横交错、文化各异，组织成员从中会受到多重影响。这种由高级知识分子组成的科研队伍，不仅跟其他组织一样具有组织文化，而且这种"文化的影响"力量非常强大。高校科研队伍的组织文化是高校科研队伍内部相对稳定而独特的社会心理环境，是科研组织在形成和发展过程中所积累的价值观念、伦理规范、思维与行为方式等的总和。大学科研队伍的组织文化意义重大，是影响大学科研发展的内在文化因素，能够发挥目标导向、激励和凝聚等作用，对于大学教师和科研人员的成长以及大学整体的科研发展具有持久而强烈的促进作用。正因为如此，高校科研队伍的组织文化备受重视，人们希望通过"文化的手段"提升组织业绩，而不是像"制度的手段"那样需要付出很高的成本和代价。实际上，高校科研队伍的组织文化包括精神文化、行为文化和制度文化三个层次，组织的行为和制度既受组织文化的深层次影响，又在一定程度上渐进地改变着组织文化，使组织内部特定的行为方式、制度规范最终沉淀为组织文化的重要组成部分。在当前创新型国家建设、高等教育强国建设等时代背景下，高校科研队伍的创新潜力备受期待，而"组织文化的营造"也是增强高校科研创新实力的重要途径。这就需要我们加强对高校科研队伍优良组织文化的研究，从而有效地推动高校科研创新。

（一）高校科研队伍的优良精神文化

1. 高校科研队伍需要树立"学术至上"的价值观和人生追求

树立"学术至上"的价值观是高校科研活动隶属于"精神生产"属性的内在要求。高校科研队伍所从事的生产属于精神生产而不是物质生产，他们的劳动是创造性的、探索性的脑力劳动。这种劳动要想取得好的成效，劳动者不仅要具有良好的学识，而且要有坚定的学术信念、崇高的学术追求、求实的学术态度、独立创新的学术勇气等。缺少了这些内在品质，高校教师和科研人员就很难有大的成就，只能成为一种教书"匠"，而无法成长为学术"大师"。同样，高校科研活动的成效、精神产品的多寡与优劣，也深受学术品质这种"无形之手"的影响。这些学术信念、学术追求、学术态度和学术勇气等，归根结底源自"学术至上"的价值观，即能够以科研发展为人生追求的终极价值。精神生产对"生产者"内在品质的要求，决定了高校科研活动具有一定的层次性，它的基本内容是大学的教学、科研和社会服务这些有形的活动，高级形式却是学者的"学术化生存"，实现了"劳动"与"人之生存"的一体化。在"生产"与"生存"的相互渗透中，"科研活动"的"有形"被赋予了"无形"的精神色彩，并由此酝酿出巨大的内在力量，让智慧和灵感免于间断，让精神生产更具主体性和创新性。

树立"学术至上"价值观的现实可能性源自高校学术生活的精神魅力。高等学校是一种特殊的学校，它是一座知识城，也是一座智慧城。这里，充溢着智慧的灵性和文化的光芒。高校师生为着共同的目的——探究真理、奉献人类——而走到一起，他们带着学术的良知与责任，相互激励、教学相长，造就了一种充实而自由的学习、研讨、向上的学术氛围；这种氛围不断形成、不断扩大，同时又反过来激发师生无穷的想象力，勃发出知识的盎然生机。在这种学术氛围中，睿智的教师和求知欲旺盛的学生享受着知识与智慧带来的无与伦比的乐趣，从而领悟生命的真谛和宇宙的奥秘。高校这种学术至上的文化氛围，根源于对高深知识的探讨，它提供自由探索的空气，不允许不利于或者妨碍自由探索的东西存在。更重要的是，"这里有大师，有真正伟大的思想家，他们是理论生活存在的活的证明，他们有权威，但不是来自权力、金钱或家庭，而是来自能够赢得尊敬的天赋，来自他们对学术的巨大贡献。"

"学术至上"的价值观有其具体的体现与要求。"学术至上"的含义很多，它最基本的意思是要以学术本身为目的，不求索取，摒弃荣誉、权力、金钱、地位等私心杂念。在高校科研队伍中，"学术至上"意味着"学术"是最被人看重的，"学术"成为整个组织的价值观和运转的主轴，就像"赢利"之于经济组织一样。"学术至上"意味着高校教师和科研人员开展科研工作主要是出于学术自身的目的，而不是为了追逐学术之外的功利性价值；意味着在学术界有所建树才是最重要的，俗世的功名利禄、人们孜孜以求的所谓权力、金钱与地位并不值得关注；意味着与学术自身要求相悖的浮躁与功利之风必须受到遏制；意味着所有不利于科研发展的因素都应当得以排除。这些具体的要求使得"学术至上"的价值观能够对高校科研队伍产生文化引领、价值引导和精神支持的作用，激励组织成员持续追求科研创新。

2. 高校科研队伍需要形成"共同愿景"来确定目标和任务

为了促进"共同愿景"的形成，要让"组织共同的目标"涵盖基础性研究、应用性研究和开发性研究；涵盖不同学科和专业的研究；涵盖个体研究与集体研究，而不能厚此薄彼，把科研活动中的薄弱部分排除在组织目标之外。

第一，高校科研队伍要通过平衡基础性研究与应用性、开发性研究而促进"共同愿景"的形成。在市场经济利益的驱动下，高校科研队伍往往注重应用性研究和开发性研究，而基础性研究备受忽视。为了改变这种状况，高校科研队伍要为基础性研究提供强大的精神和物质支持，既要有精神鼓励，也可以设立基础性研究基金、奖励基金和出版基金等基础性研究资助项目，促进基础性研究与非基础性研究"共同愿景"的形成。

第二,高校科研队伍要通过平衡不同学科和专业的研究来促进"共同愿景"的形成。在资源(特别是经费)有限的情况下,不同学科、专业的研究通常会出现不平衡与冲突现象,资源配置也往往倾向于"锦上添花"而不是"雪中送炭",产生了强烈的"马太效应"。为了改变这种状况,要通过具体的措施使科研队伍既发挥优势、又保证全面;既要重点资助力量较强的学科和专业以保持科研特色和优势,又要鼓励和扶持其他学科的研究。缩小不同学科发展的悬殊差异符合高校学科综合化发展的需要,有利于实现不同学科、专业研究之间的协作,避免因学科"短板"而影响科研整体的发展,同时也能满足对专业人才进行综合培养的需要。所以,平衡不同学科和专业的研究对于科研队伍综合性研究水平的提高意义重大,有利于组织"共同愿景"的形成。

第三,高校科研队伍要通过平衡个体研究与集体研究而促进"共同愿景"的形成。高校教师和科研人员由于专业教学的需要,常常以各自的学科、专业为研究方向,从事与教学相关的个体研究。同时,研究成果的评价和研究者个人的晋升强调的也是个体研究成果,而不是集体研究成果的分享。因此,就出现了高校科研人员个体研究与集体研究之间的冲突。为了做好这种协调,要成立多种多样的学术组织促进个体研究与集体研究相结合;在确立研究项目或课题时要考虑如何有利于多学科的参与或集体合作研究;在科研管理制度特别是成果评价制度中应保证对集体研究成果与个体研究成果同样重视;在保证个体研究自由的情况下鼓励和支持集体研究。这样才能促进个体研究与集体研究"共同愿景"的形成。

(二) 高校科研队伍的优良行为文化

高校科研队伍为了形成优良的行为文化,需要加强"知识共享"以拓展和革新劳动工具,需要增强"交流合作"以实现劳动中的开放性协作,这样才能突出"以知识为基础"的组织特性,适应社会化"大科研"的工作需要。

1. 高校科研队伍需要加强"知识共享"以拓展和革新劳动工具

高校教师和科研人员是一种"知识人",他们以知识为基础开展工作,利用自身所掌握的渊博知识和人生智慧,为社会创造、传播和应用知识。他们不是一般性地具有劳动能力的人,而是知识的拥有者、传播者和创造者,是知识资本的使用者。他们从事着创造性劳动,依靠自身占有的专业知识,运用头脑进行创造性思维,并不断形成新的知识性成果。这种"知识人"的角色决定了高校科研队伍中的知识创新、流通与共享意义重大。高等教育机构是"控制高深知识和方法的社会机构",它所开展的教学、科研和社会服务都是以知识为基础的,"如果有什么东西对于高等教育是基础性的话,它就是知识的中心概念。从动态的意义上讲,学术是一种群体性活动。你不可能单独地从事研究工作。你从事研究和出版著作,也就意味着你将把你所知道的东西教给别人。为了确保学术之火不断燃烧,学术就必须持续不断地交流"。高校教师和科研人员要与同行保持密切的信息联系,不断地交流看法、互助合作。许多科研课题的选题、研究思路、主要观点、研究方法等的形成,都得益于自由讨论中碰撞出的思维"火花";多学科的学习交流和分工协作更能克服单学科研究的困难与不足,提高研究成果的普遍性和适用范围。所以,高校科研队伍"知识共享"的行为文化非常重要,它能够促进成员之间的知识性交往,通过同事间观点的碰撞实现直接或间接的交流与互助,从而更有效地探索真理、提高科研队伍的水平与绩效。总之,高校教师和科研人员的成长依赖于知识工具的提升,而提升的最好策略就是实现最大限度的分享,乃至组织内部的无私共享,这样才能在组织内部引发知识的成倍复制,引发知识和思想的爆炸式增长。各种显性和隐性知识的交流和共享,能够改变组织成员单枪匹马、闭门造车的工作方式,对于高校科研队伍的发展是极为有益的。

2. 高校科研队伍需要"交流合作"以增强劳动中的开放性协作

高校科研队伍"交流合作"的行为文化源于学术活动的"组织化"特性。高校教师和科研人员虽然主要以个人的智力进行科研,但他们的工作并不是孤立进行的,而是需要在各种学术组织中开展协作劳动。"学术组织"(academic organization)是组织中的一种重要类型,它的字面意义是"学院的、学术的组织",实际上是指各种"组织起来"的学科资源与力量,是从事教学和研究的各种"单元"和机构。大学、学院、学系、教研室、研究室(所、中心),以及其他各种从事教学和科研的机构,都是这种基于学科而发展起来的"学术组织"。从总体上讲,高校自身就是一个宏观或整体意义上的学术组织。如果进行详细划分,不同的学科、工作任务又形成了各种各样的亚学术组织。而且,各个亚组织中的成员可以存在一定程度的交叉,即一个学者既是某个学科中的成员,同时也可能是某个项目或某一研究中心的成员。高校教师和科研人员在多个亚组织中交叉存在的状况,显示出他们在工作方式上有别于其他组织成员的特殊性所在。一般而言,高校发展水平越高,其内部的组织化程度也就越高。因为不同的组织形式都是高校为适应各种不同的科研活动内容而创设的。这些学术组织既是大学实现自身目标的工具与手段,也是高校科研人员满足个体需要、实现自身价值的基本依托,它们使整个高校的学者之间可以根据工作需要随时进行调整,开展多种形式的互助与协作。所以,学术活动的"组织化"特性决定了高校科研队伍必须形成"交流合作"的行为文化。

(三) 高校科研队伍的优良制度文化

高校科研队伍为了形成优良的制度文化,需要有"质量优先"的学术自由,需要有"创新取向"的制度文化,这样才能减轻"量化学术"管理制度带来的负面影响,减少"科层取向"的制度文化对科研创新所形成的阻碍。

1. 高校科研队伍需要"质量优先"的学术自由

"质量优先"是对知识工作者的特殊要求,符合高校科研工作的发展规律。体现在高校科研队伍的发展中,对于质量的正确认识,也是高校科研队伍提高水平和业绩的关键。事物的发展包括量的方面和质的方面,由于"量"的扩张表现更为明显和直接,它往往会受到外界更多的关注。但是,对于高校科研队伍而言,"质"是发展中更为重要的方面。高校科研队伍的科研业绩之"大"不在于发表论文的数量巨大,而在于能够培养出优秀人才、产生高水平的学术成果;高校教师和科研人员的学术声誉和地位,也不是由学术成果的数量决定的,而是主要取决于他在学术上的独特贡献。所以,树立"质量优先"的意识非常重要,它能帮助高校教师和科研人员克服急功近利的思想,潜心于真正的学术工作,而不是为了数量的虚荣而放弃质量的追求。因为对于科研创新而言,追求卓越是基本的准则,任何"重量轻质"的思想和行为,必定是舍本逐末、得不偿失的。

把"质量优先"提升到"学术自由"的高度,是基于现实国情和实践困境所提出的制度文化要求。"质量优先"的"学术自由"显然不同于西方传统意义上的知识探索的"学术自由",但这种现实中普遍存在的、源于苛刻的量化评价而导致的学术不自由,是更低层次的"不自由",因为它还未涉及真正的"学术"层次,解决的仅仅是"学术"之外的操纵和束缚,这在西方国家是比较少见因而未引起关注和研究的问题,是"中国特色"的问题。中国式的"学术不自由"外在表现为"量化评价"盛行、高校教师和科研人员沦为"学术民工",严重束缚了高校科研队伍的科研创新。只有树立"质量优先"的制度文化来解除"量化学术"的干扰,高校科研队伍才能更好地提升水平与业绩。

2. 高校科研队伍需要"创新取向"的制度文化

高校科研队伍"创新取向"的制度文化是为了克服组织过强的"科层取向"。"科层取向"的制度文化源于学术组织的"科层制"特征,它崇尚理性原则,能够实现较高的效率,在管理的精确性、稳定性、纪律性和可靠性等方面具有明显优势。但是,"科层制"只是学术组织特性的一小部分而不是全部,"科层取向"往往会导致僵化、封闭的"防守式"管理,"不求有功但求无过",不利于高校科研队伍开拓创新、锐意进取。与"科层取向"相比,"创新取向"的制度文化更关注高校作为"学术组织"的知识特性,更尊重组织成员在专业领域的权威地位,依靠成员的智慧主动谋求科研创新,在发展的主动性和创造性方面境界更高。

"创新取向"的制度文化能够促使高校科研队伍认识到"创新"的重大意义。高校本身就是以开放坦诚和欢迎新思想、新挑战为特征,高校科研队伍应该倡导及时应变、不断创新,并且这种创新应当是全员创新、系列创新、连续创新,而不是某些教授、某些领导等资深人员的非全员创新、局部改革与一时创造。在这种思想认识的基础上,"创新取向"的制度文化会非常注重弹性适应和成员发展。一方面,"创新取向"注重组织的适应性与创造性,而不是特别强调统一与稳定。高校科研队伍面临着外界复杂的情境和内部多学科的具体问题,因此组织的规范可以具有一定的弹性空间,以规范的"开放性"和"多元性"保证组织能够根据外部环境的变化和内部的特定需要而及时调整策略。另一方面,"创新取向"的制度文化关注组织成员的创新与成长。组织强调以人为本、强调人文价值与人性尊严、关心和尊重每一位组织成员,而无论其地位、身份、职权如何。所以,"扶持创新"的高校科研队伍文化有利于发掘组织成员的潜力、信仰、抱负和创造性,是一种重视全员参与、重视人的潜能开发的制度文化。

二、高校科研队伍的不良组织文化

高校科研人员除"个体身份"之外,还是各种正式或非正式组织的成员,这些组织大小不一、纵横交错、文化各异,组织成员从中会受到多重影响。这种由高级知识分子组成的教师队伍,不仅跟其他组织一样具有组织文化,而且这种"文化的影响"力量非常强大。高校科研队伍的组织文化是高校科研队伍内部相对稳定而独特的社会心理环境,是教师组织在形成和发展过程中所积累的价值观念、伦理规范、思维与行为方式等的总和。高校科研队伍的组织文化意义重大,是影响高校学术发展的内在文化因素,能够发挥目标导向作用、激励和凝聚等作用,对于高校教师的成长以及高校整体的学术发展具有持久而强烈的促进作用。正因为如此,高校科研队伍的组织文化备受重视,人们希望通过"文化的手段"提升组织业绩,而不是像"制度的手段"那样需要付出很高的成本和代价。

(一) 高校科研队伍的不良精神文化

高等学校的精神文化色彩非常浓厚。古往今来,有数不清的科学探索者都把追求科学真理的过程本身视作至高无上的幸福,确认这过程本身就是伟大的,即使失败,但生命的意义已经得到了充分体现。高校科研队伍为了改造不良的精神文化，需要转变"浮躁功利"的价值观和人生追求，需要改变"缺乏共同愿景"的状况以确定目标和任务，这样才能从"价值判断"和"目标制订"这两个层次克服精神层面的偏差。

1."浮躁功利"的价值观和人生追求

高校科研队伍的科研业绩提升，需要有一个学术味浓厚、排除了浮躁之气和功利性干扰的组织氛围。这种氛围是与学者的特性一致的，学者全是这样一种人，他们的活动本质上并不追求实用目标，他们是在艺术、科学、形而上学中进行思考中。简言之，他们是在获取非物资的优势中寻求乐趣的人。对另一些人来说，研究活动则是关键；它能满足知识分子的好奇心，培养科学发现的快乐感和荣誉感。但是，在社会浮躁与功利之风的影响下，教师队伍内部却出现了人心浮躁、急功近利的现象，势必会影响高校科研实力的长远发展。"浮躁功利"的学术价值观意味着组织认同和选择的价值是短期见效的、显性的，而非长远的、隐性的；是功利价值而非无功利价值。在当今人们普遍缺乏信仰的时代，高校科研队伍同样面临着理想的失落，组织内部缺乏应有的信念与价值追求。

一方面是学科文化不彰，即组织成员所受到的本学科的信念、价值观的影响不够，特定学科的"学术味"不足，或者说没有很好地秉承该学科的学术文化，离"学科共同体"的价值观和信念太远。这种学科文化的淡漠是致命的，没有观念上的认同和信仰，没有"学科文化"的内在熏陶与渗透，高校科研队伍就会从思想到行动脱离整个学科共同体或"学术圈"的扶持和影响，丧失发展的学术性根基，在学术的层次和水平上难以跟上学科整体的发展水平。

另一方面是院校文化不良，影响了高校科研队伍的价值取向。高校这个特定的"单位"有其局部的学术氛围与组织文化，它会对置身其中的学者、各种学术组织产生"单位文化"的影响。这种"单位文化"或者说"院校文化"较之"学科文化"更为浅显和直接，它主要是大学所采用的制度和流行的活动经过扩散、沉淀而在人们的思想上自然而然形成的观念，比如，学校是重学术还是行政，重教学还是科研，重本科教育还是研究生教育，重民主还是集中，重公平还是效率，重趋同还是求异，等等。高校科研队伍的浮躁功利常常是因为受到了高校整体氛围的影响。从高校的外部关系来看，我国高校追风逐热现象严重，与外界常常缺乏应有的边界。在其并不长远的发展历史中，先是遭受政治风暴的侵蚀，几近沦为政治的附庸，使学术组织出现了严重的行政化倾向；后来又被经济大潮冲击，似乎又成为经济的"主战场"，从学术组织向经济组织靠拢。从高校内部来看，各种功利主义也无处不在，比如很多与市场紧密联系的应用性专业发展迅猛，而那些基础性专业则因见效缓慢而后继乏人；很多教师整日忙于"创收"而不能潜心学术，教学和科研工作反而能推就推、不被重视。这些现象都体现出高校精神文化的缺失或薄弱，使得高校及其成员都趋于自利、浮躁和急功近利。可见，高校科研队伍的精神文化受到高校"学科文化"与"院校文化"的双重影响，如果没有浓厚的"学科文化"与积极进取的"院校文化"，高校科研队伍的发展就会在最深的层次上丧失动力与支持。

2."缺乏共同愿景"

高校科研队伍"缺乏共同愿景"是指组织成员目标各异，组织未能从中形成"共同区域"，因而无吸引力和激励力。从字面意思来看，组织的共同愿景与组织目标非常相似。但在我们的观念中，组织目标常常是自上而下制订的，主要考虑的是组织利益而非组织成员个体的需求，而且往往由领导者个人制订并加以分解传达。这样的目标对于组织成员而言显然是一种"外在"的要求，是组织强加的契约，很难真正调动人的积极性。而共同愿景是指被组织成员接受和认同的愿景，它的最简单表述是"我们想要创造什么"。共同愿景建立在个人愿景基础之上，是个人愿景和组织愿景的有机结合，是从众多的个人愿景中提炼、综合而来的，因此它能够得到组织成员的认同和真心向往。事实上，共同愿景是存在于人们心中的一股令人深受感召的力量，它像一面旗帜，指引着组织成员前进的方向；它帮助组织培养成员主动真诚地奉献和投入，激发个体自我超越的动力，使其能够集中全部力量，促进组织的发展。

高校教师和科研人员有着强烈的开拓意识和进取观念，自身蕴含着无限的智慧和创造潜力，他们往往会把拓展科学知识新领域、培养高级专门人才作为组织的共同愿景。在共同愿景的强烈吸引和激励作用下，他们会主动承担职责，为组织愿景的实现贡献自己的积极性、主动性、想象力和创造力。而且，共同愿景是不断向前发展的，愿景的连续性会使每一位成员感觉到自己处于一个不断保持进取的群体之中，感觉到事业有奔头、更有积极性，不断把自己的心理与行为导向新的境界，推向新的高度。学术愿景的不断实现，还会增强组织成员的荣誉感、自豪感和自信心，从而进一步增强组织凝聚力。

遗憾的是，当前很多高校科研队伍在发展进程中缺乏共同愿景，甚至没有制订明确的组织目标，或者是没有循着一个明确的目标来发展。尽管在领导讲话中也存在诸多"发展目标"，但这种目标设定往往流于形式，成为一种"口号"，而不能在实际工作中发挥实质性的指导科研发展的作用。"缺乏共同愿景"的发展模式减弱了组织凝聚力，不利于组织成员产生强烈的归属感和向心力；同时也助长了教师队伍的惰性，只求不出问题，而不考虑如何把科研工作发展得更好，在科研发展上丧失动力和压力。这样就会随波逐流、想起什么就做什么，就无法形成积累，必然会导致高校科研队伍难以取得显著的科研业绩。

（二）高校科研队伍的不良行为文化

高校科研队伍为了改造不良的行为文化，需要减少"知识独享"以拓展和革新劳动工具，需要避免"单打独斗"以实现劳动中的开放性协作，这样才能有效地促进组织成员的成长，提升组织的科研业绩。

1. "知识独享"

高等教育机构是"控制高深知识和方法的社会机构"，它所开展的教学、科研和社会服务都是以知识为基础的，如果有什么东西对于高等教育是基础性的话，它就是知识的中心概念。高校科研队伍中的"知识共享"包括多种类型知识的共享、多主体的知识共享、更大限度的共享。第一，"更多类型的知识"要求高校科研队伍不仅关注传统的以学科为基础的知识，更要认识到因知识概念扩展而带来的多样化的知识。这些知识都是分享的对象。第二，"更多人的知识"要求高校科研队伍不仅关注高级学者所掌握的知识，还应关注组织全体成员在工作中所使用的实践知识。这些知识是组织成员在实践环境中学习并合法化的，这些动态的知识、主观的知识、操作化的知识同样影响着组织科研水平的发展。最后，"最大限度的知识共享"要求高校科研队伍不仅通过编码、传授来流通知识，更要促进缄默知识的共享。在高校科研队伍这种追求真理的组织中，缄默知识能够以微妙的方式被领会、融合、相互影响和内化，成为组织成员知识结构的一部分。知识流通从单向变成双向和多向，从文本方式转向超文本，从线性到非线性，能够大大提高知识共享的效率。在高校科研队伍中提倡一种共享的组织文化，有助于创造一种积极、信任与协作的组织氛围，推动组织整体目标的实现。

2. "单打独斗"

高校科研队伍的行为文化发展困境之二是"单打独斗"的工作方式降低了组织业绩。大学设有多种学科和专业，拥有不同类型和层次的人才，有着学术交流与协作的天然条件。特别是现代科技日新月异、学科之间交叉和渗透广泛、信息增长迅速的背景下，如果不加强学术交流与协作，就很难跟上科学发展的前沿。因此，加强高校教师和科研人员之间的交流与合作，是提升高校科研队伍实力的一个基本要求和技巧。

（三）高校科研队伍的不良制度文化

改造高校科研队伍不良的制度文化，需要消除"量化学术"的误导以实现学术自由，需要克服"科层取向"的制度文化，这样才能减少不良的学术评价制度对于科研"质量"的影响，为教师队伍的创新提供制度环境保障。

1. "量化学术"

"量化学术"在我国高校非常盛行。为了促使教师从事科学研究，多出成果、出高水平成果，许多高校制定了科研奖励制度、科研人员考评制度，甚至科研惩戒制度等，在科研工作中奉行"效率至上"原则，推行"数字式管理"。高校科研的年度考核规定了每年需要完成的任务和指标，为科研工作提供了一种标准，确实实现了很大的激励与约束作用。但是，这种频繁开展的学术考核与量化评价，完全忽视了科研工作的周期性与长效性特点。如果奖励制度只承认科学工作的数量，那么有能力做出重大贡献的科学家会经常改变他们发表论著的习惯，匆忙付印而很少考虑他们论著的知识内容。他们将选择那些会很快有确定结果的研究课题，而不去解决该学科中重要的和困难的智力问题。完全忽视科学工作的质量肯定会阻碍科学进步。

把减少"量化学术"提升到"学术自由"的高度，是基于现实国情和实践困境所提出的制度文化要求。拒绝"量化学术"的"学术自由"显然不同于西方传统意义上的知识探索的"学术自由"。但这种现实中普遍存在的、源自苛刻的量化评价而导致的学术不自由，是更低层次的"不自由"，因为它还未涉及真正的"学术"层次，解决的仅仅是"学术"之外的操纵和束缚。这在西方国家是比较少见而未引起关注和研究的问题，是"中国特色"的问题。中国式的"学术不自由"外在表现为"量化评价"盛行、高校教师和科研人员沦为"学术民工"，严重束缚了高校科研队伍的科研创新。若遵循这种过于数量化的考核制度，在某种意义上就会扼杀真正高水平的科学研究，是对学术浮躁和学术腐败的制度性诱导，是适得其反的。因此，高等学校科研制度的构建一定要相当谨慎，它不能一味地刺激科研活动在数量上的产出，而要认真研究学科发展规律、科学研究规律和科研人才的成长规律，要注重制度的导向性、长效性和实效性。

2. "科层取向"

"科层取向"的制度文化源于学术组织的"科层制"特征，它崇尚理性原则，能够实现较高的效率，在管理的精确性、稳定性、纪律性和可靠性等方面具有明显优势。但是，"科层制"只是学术组织特性的一小部分而不是全部，"科层取向"往往会导致僵化、封闭的"防守式"管理，"不求有功但求无过"，不利于高校科研队伍开拓创新、锐意进取。与"科层取向"相比，"创新取向"的制度文化更关注高校作为"学术组织"的知识特性，尊重组织成员在专业领域的权威地位，依靠成员的智慧主动谋求科研工作的创新式发展，在发展的主动性和创造性方面境界更高。

"科层取向"的制度文化认为，学术组织同样是一个非常形式化和结构化的地方，规章制度具有至高无上的地位；学术决策要按照严格的程序分步骤进行，规则和步骤需要被大力提倡、完美的计划是管理所必需的；学术组织的持久性和稳定性最为重要，因此要高度注重风险规避；组织中的等级和权责需要明确，通过正式的规则和政策把组织成员紧紧联结在一起，区分协调者、组织者和照章办事者。另外，由于受官本位、功利主义、利益冲突等的影响，"科层取向"的制度文化很容易产生本位主义而阻碍创新。比如，某些教师队伍的领导者如果权力欲过强、控制过于严密，就会使组织成员产生畏惧感，或者组织成员之间缺乏高度信任，在工作中就不能实现很好的沟通。在这种"科层取向"的氛围中，教师队伍很难拥有清晰的目标、怀有共同的信念，也无法通过团队会议、深度会谈、非正式交流与共同实践等方式实现良好的沟通，会使组织成员囿于潜在的规范和程式而难以创新。所以，"科层取向"的制度文化并不适用于高校科研队伍，高校科研发展似乎要奉行"无为而无不为"的原则，只有给予充分的自由、允许较大的弹性、尽量淡化行政管理的痕迹，才能增强管理的实效，实现管理的初衷。因此，在制定高校科研管理制度时，应当充分尊重科研活动的复杂性和创造性特点，淡化科层管理过于追求"秩序"和"效率"的色彩，真正以创新为旨向。

第三节 国外高校科研队伍的组织文化建设

一、国外高校科研队伍优良组织文化的特点

（一）树立高尚的学术理念

高校科研队伍作为探索人类未知世界，追求和发现宇宙真理，为解决人类面临的各种问题提供科学依据和知识支撑的前沿，其基本的使命是学术研究。学术研究是一种极其高尚的理性和精神追求，是探索性、创造性的智力劳动。学术方向要与时俱进，学术人才要有大师、名师，学术成果要有重大影响，学术平台要有交叉融合。学术需要积淀，学者需要执着，就必须从内心树立起高尚的学术理念，就如玻尔那样有所坚持和抛弃。学者必须从心底里尊重知识，为人类知识的拓展而拼搏奋斗。卡文迪许实验室如果没有像卢瑟福这

样的坚持者，就不会成为诺贝尔获奖者的孵化器；哥本哈根物理实验室如果没有玻尔的坚守，就不会有哥本哈根学派的存在。这些人取得成功的条件各不一样，但都有一点是共同的，那就是淡泊明志，宁静致远，认真读书，多思慎思，关注现实世界，注重学术积累。他们维护学术尊严，崇尚科学，力戒浮躁，追求卓越。在对于组织新成员，也是在尊重科学发展规律的前提下，鼓励他们进行学术创新，宽容失败，尤其是对那些长期坐"冷板凳"的学者，并没有歧视或抛弃，而是弘扬学术本真的理念，默默地等待其成才。所有的这些，从深层次来说，就是这些大师们对知识的尊重和对学术的执着所形成的思维。"研究学术"理应成为学者的最根本理念。

（二）发扬协作的学术传统

卡文迪许实验室、玻尔实验室和贝尔实验室的成功还取决于它们都形成、继承和发扬了优秀的传统，优良的传统是一笔巨大的财富。它像雨露春风一般滋润着实验室的每一粒"种子"，它的作用远比行政命令更有效。环境和传统的力量是伟大的，即使是一个资质比较普通的人，一旦能够进入具有良好学风和学术氛围的学术机构，并且能接受到它的优秀传统和学风的熏陶，那么他也完全可能在几年内成长为一个优秀的学者。

当然，优秀的传统并不是一成不变的静态工程，而是应该与时俱进的。卡文迪许实验室前主任派帕德认为，伟大的传统来自在任何时候判断什么才是正确的持续能力，以及坚忍不拔地确保它得到施行。有一些传统，譬如严谨的推理、批判的科学精神和创新精神，对于真理锲而不舍的追求，集体协作、平等、自由交流和争论的学风是应该而且要永远地保持下去的。而另一部分是不稳定或因时间变化而应该有所修正的，传统也必须根据现实发展情况进行扬弃，从而能够正确地继承和发展它的精华，否则传统就会约束和制约科研的进行。

（三）确立明确的学术目标

任何一个组织都应该有一个明确的和高屋建瓴的正确目标，它是一个组织存在和发展的根本保障。目标虽然不是一种具体的行动，但是它能够使人们心中有一种感召的力量，能够满足人们归属于一项重要的任务、事业或使命的内心渴望。纵观卡文迪许实验室、哥本哈根学派这两个分别在基础科学研究和应用科学研究方面最著名的研究机构，一个非常鲜明的特色就是它们在创室之始就都有自己的独特宗旨，并且把它写在醒目的位置以时刻提醒实验室的人员。从这个宗旨延伸出作为实验室成员应当具有或培养的价值观和价值体系。在这样的宗旨指引下,科研人员不会因繁杂浩渺的研究课题而迷失方向,不会因外部的某些因素而沉沦自我。反之,如果一个组织没有明确的宗旨,或随机而遇、随意变动自己的宗旨,那么该组织的成员就不可能有明确的行动目标和行为支撑,从而也很难获得成功、有所作为。

(四) 营造自由的学术风气

卡文迪许实验室被称为"人才的苗圃",哥本哈根玻尔实验室视为"人才的摇篮",贝尔实验室被誉为"研究的伊甸园"。它们都以研究氛围活跃而著称于世。为了促进交流,激发灵感的火花,三个实验室在营造宽松的文化环境方面可谓是殚精竭虑。卡文迪许实验室才有了午后茶时漫谈,教授家中晚餐、研讨会、各种俱乐部和国外学者访问等各种各样的方法。即使在学生选题时,也基本上采用自选与教授意见相结合的方式。贝尔的研究人员同样有自己选择的很大的余地,餐间的谈闻、研讨会、参加学术会议等都因受到鼓励而形成了自由良好的学风。为此,尤尔特特别指出,所有丰产的学科本质上都是创造性的,它们是心智运作的结果,是"在最大自由的氛围中茂盛地开花结果的",为了这个结果,他愿意"为创造性的努力提供有益的环境"。

大量的事实都表明,营造思想活跃、交流频繁、善于和敢于开拓创新的学术环境是一个优秀学术组织所不可或缺的条件,甚至,优秀学术组织中的卓越者还会形成自己独特的学风。

第四节 高校科研队伍的组织文化建设策略

一、高校科研队伍的精神文化建设策略

(一) 高校科研队伍"学术化生存"的实现策略

高校科研队伍的"学术化生存"包括两种含义:一是指高校教师要超越"以学术为谋生手段"的较低级境界,把学术当作自己的生活方式,发自内心地热爱学术、献身于学术;二是指高校教师不仅要在工作中具备学术知识、能力与技艺,而且要使自己的整个生活与生存都体现出学术的味道,符合学术的要求,实现"生存的学术化"与"学术的生

存化",使学术精神、学术追求"内化"到日常生活中去。这种"学术化生存"可以通过以下策略来实现。

第一,高校教师工作与生活高度关联的特性有助于实现"学术化生存"。高校教师是高级知识分子,他们的工作与生活富于探索性和反思性,这种不间断的思索使得他们的工作与生活难以截然分开,不存在"工作日"和"休息日""工作内"与"工作外"的鲜明区分。教师的生活与工作很难划分为截然不同的两部分,即便在家庭生活中,他们可能仍在思考着,很多创造性乃至日常性的工作并不完全在办公室和教室里完成。表面看起来教师的工作是自由的,但并不是清闲的。他们可以支配自己的时间,但绝大部分时间都是用来思考。教师在社会生活中持有双重态度,往往以善意的眼光看待人,又以批评的眼光看待社会,本性上有一种乐观的精神,现实又常使他们忧国忧民。这种情怀使他们在工作之外也难以停止自己的学术思维活动,成为一种物理意义上的"学术化生存",体现为学术活动在学者生活的时间和空间上的拓展和延伸。

第二,高校教师对于学术职业的深刻认同有助于实现"学术化生存"。学者全是这样一种人,他们的活动本质上并不追求实用目标,他们是在艺术、科学、形而上学中进行思考。简言之,他们是在获取非物资的优势中寻求乐趣的人。也就是以某种方式说"我的国度不属于这个世界"的人。许多人从教学工作中可以得到最大的满足。对另一些人来说,研究活动则是关键,它能满足知识分子的好奇心,培养科学发现的快乐感和荣誉感"。对于大多数教师而言,学术活动的最大魅力就是充实的精神生活本身。另外,高校本身对于教师而言也是极具魅力的。高校拥有宜人的风景、优雅的氛围、奋发上进的青年学生、有所成就的各类人才,更有丰富的精神文化生活。这种优裕的人文地理环境和充实的精神生活,使高校教师沉迷于其中,忘却了劳动与生活的界限、谋生与求智的区别,高校因而就成为他们实现学术化生存的"飞地"。

第三,高校教师"自我实现"的心理需求也有助于实现"学术化生存"。高校教师作为社会的学术精英,基本上都有强烈的"自我实现"需要,他们所追求的往往是精神需求的最大满足和个人价值的充分体现。有研究表明,受过高等教育的教师心理比较成熟,具有一种延迟满足感,即甘愿为更有价值的长远结果而放弃即时满足的抉择取向,以及在等待中展示的自制能力。事业对于他们来说是第一位的,真正的人才永远是事业型的。正是由于这样的特性,高校教师才能"两耳不闻窗外事"地沉浸于"象牙塔"内的学术探究,才能甘坐冷板凳、十年磨一剑,为了心中的理想而无视现实中的艰辛与困难。他们在学术之外所追求的东西并不多,只是希望自己的劳动价值得到承认,能够和一群志同道合者共同开展学术活动、追求探究真理的乐趣。学术活动所蕴含的充实感和愉悦感，是他们实现学术化生存的最主要动力。这种内在的成就感会强化他们对自身生存方式的认同，使他们为了精神上的满足而甘愿降低或放弃一些物质利益，也就实现了一种精神和情感意义上的"学术化生存"。

（二）高校科研队伍"共同愿景"的建构策略

共同愿景是指被组织成员接受和认同的组织的愿景，它对组织凝聚力具有至关重要的意义。共同愿景就像一面旗帜，指引着组织成员前进的方向。它帮助组织培养成员主动真诚地奉献和投入，可以激发个体自我超越的动力，使之能够集中全部力量，促进组织的发展。对于高校科研队伍而言，建立共同愿景的关键环节是融合个人愿景和组织愿景，这也是共同愿景的根本特征和生命力所在。管理科学的艺术性决定了建立共同愿景没有统一的路径和步骤，只能根据组织的规模大小、成员结构、学术实力、任务多寡、外部要求等因素来设计，但在设计中也存在一些共性经验值得借鉴。

第一，共同愿景要建立在个人愿景的基础之上。在高校学术活动中，个体的劳动具有相对的独立性，个体离开了集体也还是可以开展工作、发挥作用的。劳动的个体性以及组织成员较高的成熟度使得个体对共同愿景依赖较少，甚至对建立共同愿景没有多大热情。这样，共同愿景能否真正发挥作用，是与这个愿景的质量密切相关的。高质量的共同愿景能凝聚人、激励人，低质量的愿景就会沦为形式上的愿景，成员很可能置之不理。而共同愿景质量的高低，最根本地取决于它是否与成员个人的愿景紧密结合。组织成员只有把共同愿景视为个人愿景的体现，才会为共同愿景的实现贡献自己全部的智慧和力量。

第二，建立共同愿景不能采用自上而下的单一路径，而要有一个反复酝酿、不断提炼的过程。传统的组织目标制订往往遵循自上而下的原则，把组织总体目标层层分解，这样就会沦为"官方愿景""上级意愿"，只会在纸上陈述而非发自成员内心，也很难使愿景在组织内扎根。因此，高校科研队伍在建立共同愿景时要自下而上地进行，让组织成员充分参与，从而认同它、执行它，心甘情愿地努力实现这种愿景。同时，自下而上的路径可以使愿景在组织内得到充分的探讨和检验，从而使愿景不断革新，增强共同愿景的科学性、可行性和感召力。但是，避免由上而下建立并不意味着共同愿景不能来自上层。由于在组织中所处的特殊位置，上层人员往往比其他人更容易从宏观上把握成员各自的愿景，并把各种愿景整合起来，提炼出一个切合实际的共同愿景。因此，愿景提出以后，更重要的是要为组织成员共同分享，这种分享要通过组织上下反复酝酿、不断提炼来实现。

第三，建立共同愿景要以扶持成员的成长为前提。组织成员能够"得益于组织"，才能热爱组织、愿意奉献，才能对组织产生认同感、责任感、荣誉感，才会有"组织忠诚"，有"组织责任"，甚至"组织规训"。

二、高校科研队伍的行为文化建设策略

高校科研队伍要想形成优良的行为文化，需要探索"分享知识"的行为策略，需要关注"团结协作"的达成策略，这样才能革新以知识为基础的劳动工具，同时借助他人和组织的力量取得更大的学术创新。

（一）高校科研队伍"分享知识"的行为策略

高校教师以知识为劳动工具，其成长依赖于知识工具的提升，而提升的最好策略是实现最大限度的分享，这样才能在组织内部引发知识的成倍复制，甚至引发知识和思想的爆炸式增长。各种显性和隐性知识的交流和共享，能够改变组织成员单枪匹马、闭门造车的工作方式，对于高校科研队伍的发展是极为有益的。但是，"分享知识"在高校科研队伍这种知识性组织中并非易事，面对知识共享的要求，很多人会本能地提出质疑："为什么我要把自己所知道的东西告诉你？"知识共享难度巨大的主要原因就在于，知识具有自身的价值，是高校教师个体力量的源泉，他们拥有的独特知识越多，自身的价值就越高。因此，把自己的知识公开、与对方交流和共享，对于个体而言就有降低自身对组织价值的风险。

（二）高校科研队伍"团结协作"的达成策略

团结协作的行为文化是高校科研队伍发展的重要保障。团结与合作能够消解由于不良竞争所引发的负面影响，确保组织成员为了理想中的事业而齐心协力、共同奋进、锐意进取。这样的行为文化不仅有利于成员之间疏通感情、密切交往，使群体保持强大的凝聚力，而且有利于提高科学研究的水平和绩效。有研究表明，在信息交流、思想沟通、观点切磋等知识交流与协作过程中，存在着典型的"报酬递增"现象，即每个人拥有的知识不仅没有在交流中减少和丢失，而且能够获取和吸收别人的知识，甚至能够产生各方都不曾有的新知识。

高校科研队伍的团结协作可以通过多种途径来实现，其中大型项目是多学科合作必不可少的形式，可以提供机会和场所，为学术合作与交流创造有利的条件。另外，团队组织

也能有效地促进协作，以团队的形式开展学术工作，更能激发成员对学术工作的执着、热忱和全心投入；激励他们在理由充分、详细论证的基础上挑战权威；鼓励同行面对面的交流、辩论、形成学术争鸣的气氛；也有助于开展集体讨论和师徒式的学习，使交流协作的频率与质量都能得到保证。

三、高校科研队伍的制度文化建设策略

高校科研队伍要想形成优良的制度文化，需要加强"同行评议"来减少"量化学术"的不良影响，需要探索"扶持创新"的制度策略" 这样才能遵循学术规律、改善学术管理、促进学术创新。

（一）高校科研队伍需要加强"同行评议"来减少"量化学术"的不良影响

当前我国高校量化评价盛行，被称为"量化学术"，为了刺激学术产出而制定了数量导向的学术成果评价标准。量化评价的盛行是与学术评价中质量标准的欠缺密切相关的。我国高校的学术评价主要由行政管理部门做出，"外行评内行"的状况使得学术评价的标准必须简单、易操作。但"质量标准"显然是难以深入把握的，而"数量标准"却极为简单，所以现行的评价方法就变成计算文章数量及核对期刊级别。当然，除"质性评价"难以操作之外，对于"数量"的有意"引导"也是量化评价盛行的原因之一。学校管理者都很明白，如果侧重追求成果的质量，势必会降低成果"数量"的增长，而这是不利于彰显短期的办学政绩的。所以，学术评价的"不得已"量化，或者是"故意"量化，都使得"数量"成为第一追求。而成果数量的炮制，却耗尽了高校教师宝贵的时间精力，致使学术成果质量难以提升，学术工作的可持续发展难以保证。

为了改变这种不合理的状况，高校的学术评价应当更多地采用"同行评议"的办法，由学术专家和同行来做出评价，因为他们才真正具有所需的学术资格。事实上，"由于分工而带来的专业化、专门化，一项研究成果只有同行才能较真切地了解到它的理论价值和意义，所以同行评议具有较高的可靠性。科学家们都很注重同行们对自己的理论和著作的看法。"可只有发挥学术同行的作用，开展以同行评议为主的学术评价，才能突出质量要求，提高学术评价的信度和效度。

（二）高校科研队伍需要加强"扶持创新"的制度激励

"扶持创新"的制度文化关注高校科研队伍的知识特性，尊重组织成员在专业领域的

权威地位，依靠成员的智慧主动谋求学术工作的创新式发展，突出了发展的主动性和创造性。"扶持创新"的制度文化能够促使组织成员充分认识到"创新"的重大意义。高校本身就是以开放坦诚和欢迎新思想、新挑战为特征的，高校科研队伍应该倡导及时应变、不断创新，并且这种创新应当是全员创新、系列创新、连续创新，而不是某些教授、某些领导等资深人员的非全员创新、局部改革与一时创造。在这种思想认识的基础上，"扶持创新"的制度文化会非常注重弹性适应和成员发展。一方面，"扶持创新"注重组织的适应性与创造性，而不是特别强调统一与稳定。高校科研队伍面临着外界复杂的情境和内部多学科的具体问题，因此组织的规范可以具有一定的弹性空间，以规范的"开放性"和"多元性"保证组织能够根据外部环境的变化和内部的特定需要而及时调整策略。另一方面，"扶持创新"的制度文化关注组织成员的创新与成长。组织强调以人为本、强调人文价值与人性尊严、关心和尊重每一位组织成员，而无论其地位、身份、职权如何。"扶持创新"的高校科研队伍文化有利于发掘组织成员的潜力、信仰、抱负和创造性，是一种重视全员参与、重视人的潜能开发的制度文化。

高校科研队伍要想形成"扶持创新"的制度文化，需要借鉴以下三点经验：第一，组织成员之间要互相尊重和认可。不仅要尊重人格，还要尊重彼此不同的观点和意见，尊重彼此的专业特长、知识、技术、能力及对组织的贡献，而不能以歧视的眼光看人。互相尊重和认可有助于组织成员摒除彼此之间的学派之争、门户之见，形成和谐、坦诚而亲密的组织氛围。第二，高校科研队伍要鼓励成员的质疑和创新。组织要保护和鼓励成员个体的问题意识和质疑精神，激励成员求同存异、适当竞争，使组织成员之间既能协调合作，又有自我发挥的空间。为了扶持创新，高校科研队伍对于成员的尝试及失误要保持宽容的态度，使其敢于求异创新、敢于在失败中追求成长，以最大限度地开发自身潜能。组织提供的这种自由宽松的氛围，能够为成员的质疑、批判和创新提供良好的环境，有利于学术绩效的提高。第三，高校科研队伍要培养民主氛围。拥有民主之风的组织具有开放、坦诚的沟通气氛，组织成员身处其中能够感觉轻松惬意而非情绪压抑，能够接受意见而非拒绝批评。在这样的组织氛围中，信息能够充分沟通和共享，成员可以经常从组织得到反馈，并能坦然接纳其他成员的意见和建议。这样才能确保组织具有足够的信息沟通和反馈，使成员之间关系更融洽、合作更顺畅。

第八章 高校科研团队建设与科技创新

第一节 高校科研团队建设概述

一、高校科研团队的概念和特征

(一) 高校科研团队的概念

要界定"高校科研团队"的内涵,必先界定"科研团队"这个概念。而要界定"科研团队"的含义,又必须界定"科研"与"团队"两个基本概念。

第一,何谓科研?所谓"科研"即"科学研究"。可见,要界定科研,关键要界定什么是"科学"?对于什么是科学,目前仍然众说纷纭,有学者认为"科学是认识自然及其规律的理论体系",还有学者认为"科学"一词是"现代科学"(modem science)的简称。科学的定义是近代和现代才真正产生的,必须从历史的角度讨论科学的形成和定义,并对科学在严格意义上进行定义,但对这种定义也评论很多、褒贬不一。

科学有广义和狭义之分,广义的科学是人们关于自然、社会和思维的现象及其客观规律的分科理论体系,包括自然科学、技术科学、人文科学和社会科学。狭义的科学仅指自然科学。基于此,科研也有广义和狭义之分。广义的科研是人们关于自然、社会和思维的现象及其客观规律的研究,包括自然科学、技术科学、人文科学和社会科学研究。狭义的科研仅指自然科学研究。

第二,何谓团队?所谓"团队",团队是在知识和能力上互补的一定数量成员,为了实现共同目标、承担共同责任而相互协调配合的正式群体。

第三,何谓科研团队?对"科研团队"这一概念,学者们也有不同的界定。科研团队包括科技科研团队和人文科研团队。因此,科研团队的定义可表述为:科研团队是在知识和能力上互补的一定数量科研人员，为了实现科研创新目标、承担共同责任而相互协调配合的正式群体。这一界定包括以下几层含义：一是科研团队以科研创新为共同目标。科研团队的产生、发展和终止都与共同的科研创新目标密切相关，没有共同的创新目标，就谈不上科研团队，即使名义上叫科研团队，也不是真正的科研团队。科研团队成员愿意将这一目标视为自己最重要的阶段性人生目标，并愿意为实现这一目标而不懈努力。二是科研团队成员之间以知识与能力互补为条件。科研团队以科研创新为目标，其成员在知识、技能甚至性格等方面存在一定的互补性。只有这样，科研团队成员在一起共同研讨学术问题就可以相互开阔视野，相互弥补由学业专攻带来的能力局限，从而使科研团队激发出比单打独斗时的独立创新能力总和还要大得多的集体创新能力。科研团队成员的创新能力互补性越强，凝聚为科研团队的整体创新能力就越大。三是科研团队成员数量必须适度。科研团队核心成员数量一般不宜过多，以 3~11 个为宜。由于科研创新需要经常交流沟通，科研团队成员特别是核心成员过多会引起沟通不足，造成沟通障碍和智力资源浪费等弊端；成员具有层次性，科研团队还可以有更多一些的学习者、研究生等非核心成员；成员分工必须明确，参与或接受科研团队分配的研究任务。四是科研团队成员必须有鲜明的团队意识和整体意识。团队成员自觉自愿地置个人努力于整体目标之中，都希望通过分工协作来寻求最佳的整体科研利益。不去斤斤计较、遇事推诿，而是相互担待、积极承担团队的科研责任，朝着团队的创新目标迈进。五是科研团队必须有一定的资源依托。有的依托基层组织，如教研室、研究所等；有的依托研究平台，如研究中心、实验室等；有的依托研究项目，如基金项目、委托项目等。科研团队都是有一定资源依托的正式科研群体，非正式科研群体不是科研团队。

第四，何谓高校科研团队？根据科研团队的定义，高校科研团队是在知识和能力上互补的一定数量的科研人员，为了实现科研创新目标、承担共同责任而相互协调配合的以高校科研人员为主组成的正式科研群体。一个跨组织的科研团队是否为高校科研团队，主要看该科研团队成员是否以高校科研人员为主组成。

（二）高校科研团队的特征

高校科研团队是有生命、有记忆、高智慧的团队，它呈现出竞争与协同、混沌与有序、继承与发展、优势与优势、学习与创新、科研与教学、控制与自主等几个维度上的独特个性表现。

一是竞争与协同并存。在科研资源有限的现实环境中，众多的具有进取精神的高校科研人员（绝大多数往往同时也是教学人员），为了获得更多的科研经费和其他科研支持，为了获取成果发表和技术转化优先权，必然相互竞争。在特定条件下，这种相互竞争有可能出现部分人的自愿合作。合作博弈理论研究表明，只要满足"超可加性"和"有效协议"这两大条件，人们便会自愿合作，在谋求整体利益最大化的同时，谋求个人利益的最大化。高校科研团队便是在满足上述条件下所形成的合作群体。在这个群体中，合作是团队成员的自觉选择。强调高校科研团队合作，只是强调团队成员之间合作是主流，并不意味着否定团队成员之间的竞争。实际上，从高校科研团队的对外关系来看，自己所在的科研团队与其他科研团队之间既有竞争也有协作，有的可能是协作占主流，有的又可能是竞争占主流；但从高校科研团队的内部来看，成员之间自愿协作是主流，但不排除成员之间仍然存在一定程度的竞争性。高校科研团队作为一个由合作占主流的科研组织，其内部成员为了实现团队的科研目标，总是自觉自愿地相互协作、相互配合，这种组织特性就是高校科研团队的协同性。这种协同性是团队成员的一种自觉行动，是在竞争基础上的自愿合作，是为了共同的研究目标而达成的必然结果。

二是混沌与有序同在。高等教育研究高深学问，高校作为承担高等教育任务的机构，其目的具有"自然模糊性"。随着高深学问的不断分化，从事专业工作的高校科研人员自主性越来越高，"越来越多的知识领域表现出内在的深奥性和固有的自主性"。"无序的合理化"在一定程度上使高校科研团队处于混沌状态。在"各自为战"的混沌状态时，科研活动似乎毫无组织秩序可言。而在满足一定条件的情况下，高校科研人员有可能自愿合作，形成一定的科研组织秩序。在初步形成合作关系的情况下，只要再多一点规矩和秩序，再多放弃一点个人的"自由"，便能充分挖掘整体潜力，谋求更大的整体和个人利益，那么，高校科研团队成员就会主动提出这种秩序要求，也乐于自觉遵守这一秩序。因此，高校科研团队的这种混沌是一种"无序中的有序"，是在混沌基础上出现的有序。"所谓有序，指事物内部诸要素和事物之间有规则的联系和转化"。高校科研团队的有序性主要表现在：团队成员在团队中的角色、地位相对稳定，其中包括学术带头人领袖地位的相对稳定。团队在资产管理、项目管理、成果管理、学术交流、研究生教育等活动中，已经形成一系列大家共同遵守的制度。团队拥有了相对明确的共同目标，团队成员拥有基本认同的文化价值观念和学术道德规范。团队成员大体上都知晓其他成员的性格特点、专业特长，配合比较默契，已经形成了相对稳定的"团队心智模式"。

三是继承与发展并轨。高校科研团队作为一个有生命的组织系统，其内部的组织秩序不可能总是停滞在某一状态，而是在继承的基础上不断发展、不断"超越"。高校科研团队的发展是团队自身的内在要求，其发展有自身的规律性，主要表现在：高校科研团队无法摆脱自身的"历史"，它的发展总是在继承基础上的发展，表现出"路径依赖性"。对一个具体的高校科研团队而言，有一个形成、震荡、规范、稳定、终止的发展过程。一个新团队产生时往往在不同程度上继承了已经终止的一个或者几个曾经的团队成员、科研资源、团队文化等。高校科研团队从萌生到形成、从震荡到规范乃至稳定，团队成员之间的配合由生疏到默契，团队秩序从无序到有序、由简单到丰富，充分表现出高校科研团队发展的阶段性特点。高校科研团队的发展必然伴随着新旧观念、新旧秩序之间的斗争。这种斗争本身就是一种发展和进步。经过新旧观念剧烈冲突、新旧秩序剧烈斗争，可能导致一个团队的崩溃或终止，也可能导致人员和资源的重新排列组合，产生一个新的团队，这实际上是团队发展的另一种形式。

四是优势与优势互补。在学科高度分化又高度综合的大科学时代，高校科研人员不可能成为"全才"，他们有各自的优势和不足。高校科研团队是一个成员优势互补的科研群体。这里所说的"优势互补"，是指高校科研团队围绕共同的科研创新目标，实现团队成员知识结构、思维方式、研究经验、科研能力的优势互补，形成团队成员年龄、性格特征、工作风格、人文素养的优势互补。如果一个研究群体中成员的知识结构、思维方式、研究经验、科研能力和非智力特征基本相同，有共同的长处和弱点，那么这种科研群体就很难凝聚为科研团队。目前国内一些有突出成就的高校科研团队，都具有多学科交叉特点，这样才能发挥优势互补的作用，攻克跨学科的重大难题。如华中科技大学"广州科学中心（实验与发现）展馆展品设计与承建项目"科研团队就是一个典型的跨学科团队。该团队在运作与管理上的许多问题都与团队本身的跨学科性密切相关。即使是同一学科或同一专业的科研人员组成的团队，成员之间在研究方向、知识结构、思维方式、研究经验、科研能力以及年龄、性格等方面各异，也会产生优势互补。

五是学习与创新并举。高校科研团队作为一个有记忆、高智慧的组织系统，不仅具有超强的互相学习能力，而且还具有持续的创新能力。高校科研团队成员一般具有比较高的学历，具有某一专业或某一专业方向熟练的知识，团队成员的优势互补。成员在完成科研任务的过程中，通过沟通、交流和讨论研究问题，既可以互相学习、互相启发，又可以激发思维、促进创新。这种创新性不是高校科研团队的偶然表现，而是团队在优势互补、互相学习的基础上持续努力的必然结果。任何个人或团队，都有可能偶然产生某种创造性行为，然而，高校科研团队以知识创新作为自己的根本任务，持续地开展以提出问题、分析问题、解决问题为轴心的创新活动，是依靠创新成果来赢得政治、经济支持和社会尊重的研究群体。创新是高校科研团队持续的、主动的追求，是团队安身立命的根本。创新能力是高校科研团队的核心能力，是以团队所拥有的学习能力为基础的。高校科研团队是由专家、学者所引领的群体，不仅具有超强的学习能力，而且是在学习中研究、在研究中学习，学习已经成为团队的自觉行动。因此，高校科研团队是一个在学习与创新中不断发展的学习型团队和创新型团队。

六是科研与教学结合。高校科研团队不仅具有科研职能，而且具有教学职能，能在科研过程中培养创新人才。高校科研团队的科研与教学结合主要表现在：教学型科研团队的成果直接服务教育教学。高校教学型科研团队以团队的形式将同一学科的教师凝聚在一起，不仅有利于团队成员提高教学水平，而且有利于学科建设。团队中理论基础深厚、经验丰富的老教师发扬传、帮、带的精神，年轻教师也发挥思维活跃的特性，充分体现了团队老、中、青结合的巨大优势，团队成员可以达到互相启发、互相提高的目的，提高教学水平，从而提高人才培养质量。专业型科研团队直接提高师生参与者素质。高校科研团队特别是师生共建科研团队，在高校科研团队建设中具有重大意义。把团队的科研活动引入本科生、研究生教学过程中，在教师的指导下组织本科生、研究生参与科研活动，使他们得到科研训练，提高科研素养，可以达到培养创新型人才的目的。在高校科研团队中把科研与教学紧密结合起来，至少可以形成以下三大优势：可以改变重理论轻实践的教学观念；可以培养学生的合作精神与创新能力；可以形成教学科研一体化的人才培养模式。教师的传、帮、带使学生从被动接受知识变为主动研究问题，可以充分发挥高校科研团队的教育功能，达到培养创新人才的目的。

七是控制与自主协调。高校科研团队能够自主确立自己的奋斗目标，自主选择自己的发展方向，自主抉择自己的研究领域，自主申报自己感兴趣的研究课题，自主贯彻自己的科学理念和价值观念，自主抉择自己的研究方法，自主监控自己的研究行为，自主反思自己的研究过程与成果。这种自主性不是与生俱来的，而是团队在工作过程中逐步养成的。团队的沟通、研讨等集体活动，对其自主能力养成是必不可少的。同时，高校科研团队生存在特定的环境之中，有关管理部门不可能不对它提出管理上的要求，科技成果需求部门不可能不对它做什么课题提出具体要求，而且团队的人力、物力、财力、信息等资源也受制于环境。也就是说，高校科研团队不可能完全摆脱外部管理。高校科研团队只有在尽可能满足外部要求的同时，坚持"自治、自决"，才能确保团队既能与外界和谐相处，又能最大限度地凸显出自身的主体精神和创新能力。高校科研团队的自主性还表现为团队内部成员有一定的自主性，其中团队领导具有更大的自主性。但是团队成员过度自主会降低团队的凝聚力，而团队的凝聚力是团队形成与存在的前提，是团队创新力和竞争力的基础，也是团队管理的关键。因此，高校科研团队成员的自主性具有一定限制，是在团队领导控制下的自主性。

二、高校科研团队的分类和作用

（一）高校科研团队的分类

高校科研团队作为高校学术生态系统的"组织细胞"，在学术生态系统中已经分化为多种形态。根据不同的分类标准，高校科研团队可以划分为不同的类型。

第一，根据高校科研团队的基本性质不同，可以把高校科研团队分为高校科研创新团队和高校一般科研团队。高校科研创新团队简称高校创新团队，是指国家基金委、教育部等利用国家财政资金和自筹资金，经过一定组织机构立项评审批准命名的创新团队。高校创新团队包括国家命名资助的创新团队、地方命名资助的创新团队和高校命名资助的创新团队。目前国家命名资助的创新团队包括国家自然科学基金委员会创新团队和教育部创新团队。国家自然科学基金委员会创新团队是根据《国家自然科学基金委员会创新研究群体科学基金试行办法》申报批准的创新研究群体，高校与科学院等其他机构都可以申报。教育部创新团队是根据《"长江学者和创新团队发展计划"长江学者聘任办法》和《创新团队支持办法》申报批准的创新团队，是专门针对高校设立的创新团队。高校一般科研团队，也称高校传统科研团队，是指除了高校创新团队外，有一定的经费支持或项目等资源为依托而组成的高校科研团队。

第二，根据高校科研团队的战略地位不同，可以把高校科研团队分为战略型高校科研团队、战役型高校科研团队和战术型高校科研团队。战略型高校科研团队是指影响高校学术生态系统全局，能够长期保持相对稳定，对国家的科技、经济和社会发展的重大问题进行研究，能"坐冷板凳"、善"打持久战"的高校科研团队；战役型高校科研团队是指影响高校学术生态系统某个大的方面，能够保持相对稳定，主攻近期科技、经济和社会发展急需解决的"瓶颈"问题，有"钉子精神"、善"打攻坚战"的高校科研团队；战术型高校科研团队是指在高校学术生态系统中机动灵活，善于改变方法、转移阵地，善于攻克前进道路上一个又一个技术难题，能"自我超越"、善"打运动战"的高校科研团队。

第三，根据高校科研团队的研究内容不同，可以把高校科研团队分为基础研究型高校科研团队、应用研究型高校科研团队和技术开发型高校科研团队。基础研究型高校科研团队是以认识自然现象、探索自然规律、促进科学知识增长为主要任务，注重研究成果的学术价值和研究活动的自由性与非功利性，提出新概念、新定理、新定律和新理论的高校科研团队。应用研究型高校科研团队是应用基础研究的理论知识，提高人类改造客观世界的能力，以技术发明和创新为主要任务，承担的课题在科学、技术、生产体系中具有承上启下地位的高校科研团队。这类高校科研团队将基础研究的理论成果转化为某一特定领域的技术原理，并将应用研究提出的一些基本理论问题反馈给基础研究部门。技术开发型高校科研团队是在应用已知的技术原理开发新技术，明确指向某种新产品的生产，具体解决生产中的实际问题，创造和研制新技术、新产品、新工艺、新方法、新流程等技术成果的高校科研团队。

第四，根据高校科研团队的成员身份不同，可以把高校科研团队分为高校教师科研团队、高校师生科研团队和高校学生科研团队。高校教师科研团队是指由一定数量的高校教师共同组成的科研团队；高校师生科研团队是指由一定数量的高校教师和学生共同组成的科研团队；高校学生科研团队是指由一定数量的高校学生共同组成的科研团队。高校学生科研团队主要由高校研究生组成，但也有本科生成功申报研究课题而形成的本科生科研团队。在以上三种高校科研团队中，高校师生科研团队是高校最常见的一种科研团队。

第五，根据高校科研团队成员的关系及其关联程度不同，可以把高校科研团队分为实体性高校科研团队、虚拟性高校科研团队和分布式高校科研团队。实体性高校科研团队是指团队成员在同一个高校基层学术组织内，主要通过面对面的学术交流进行联系，组织边界较为清晰的高校科研团队；虚拟性高校科研团队是指突破时间和空间约束，以现代通信和网络条件为物质基础，有选择性地将不同高校基层学术组织内的科研人员联系在一起，共同开展科学研究而组成的高校科研团队；分布式高校科研团队是指以实体性高校科研团队成员为核心，以虚拟性高校科研团队成员为外围组建而成的虚实结合的高校科研团队。

第六，根据高校科研团队所涉及的学科不同，可以把高校科研团队分为单学科高校科研团队与跨学科高校科研团队。单学科高校科研团队是指团队成员来自同一学科，拥有共同的知识背景和研究范式，共同研究某一学科问题的高校科研团队。跨学科高校科研团队是指团队成员来自不同的学科，拥有不同的知识基础和研究范式，在学术上可能存在一定沟通困难，但如果能够有效沟通则很容易相互启发、激发创新的具有共同研究目标的跨学科问题的高校科研团队。

第七，根据高校科研团队所涉及的领域不同，可以把高校科研团队分为科技类高校科研团队；人文类高校科研团队和综合类高校科研团队。科技类高校科研团队是以自然科学和技术科学为研究领域的科研人员组成的高校科研团队,是科学技术领域的科研团队,简称高校科技科研团队;人文类高校科研团队是以人文科学和社会科学为研究领域的科研人员组成的高校科研团队,是人文社会科学领域的科研团队,简称高校人文科研团队;综合类高校科研团队是既有科学技术类科研人员、又有人文社科类科研人员共同组成的高校科研团队,是跨越科技与人文两大领域的科研团队,简称高校综合科研团队。

第八,根据高校科研团队依托的资源不同,可以把高校科研团队分为依托基层组织的高校科研团队、依托研究平台的高校科研团队和依托研究项目的高校科研团队;依托基层组织的高校科研团队是指高校科研人员依托基层组织,如教研室、研究所等高校基层学术组织而组成的高校科研团队;依托研究平台的高校科研团队是指高校科研人员依托研究平台,如研究中心、实验室等高校学术研究平台而组成的高校科研团队。依托研究项目的高校科研团队是指高校科研人员依托研究项目,如基金项目、委托项目等各类项目而组成的高校科研团队。

第九,根据高校科研团队的级别层次不同,可以把高校科研团队分为国家层次的高校科研团队、地方层次的高校科研团队和高校层次的高校科研团队。国家层次的高校科研团队是依托国家级研究中心、实验室等研究平台或依托国家级课题等组成的高校科研团队;地方层次的高校科研团队是依托省市等地方政府及其有关部门支持的研究中心、实验室等研究平台或依托省市级课题等组成的高校科研团队;高校层次的高校科研团队是依托高校自身的基层学术组织、高校自身组建的研究中心、实验室等研究平台或依托校级课题等组成的高校科研团队。

第十,根据高校科研团队的组织规模不同,可以把高校科研团队分为单个高校科研团队和高校科研团队集团。单个高校科研团队就是单独一个高校科研团队,又可以分为小型高校科研团队、中型高校科研团队、大型高校科研团队。本研究认为,3~5人的高校科研团队为小型高校科研团队;6~20人的高校科研团队为中型高校科研团队;20人以上的高校科研团队为大型高校科研团队。高校科研团队集团又称为集团高校科研团队,是以共同科研创新目标为纽带,以核心高校科研团队为主体,以学术规范为共同行为准则,由核心高校科研团队、参与高校或其他组织的科研团队以及其他科研人员共同组成的科研团队联合体。一般来说,大中型高校科研团队可以分为若干个科研小组,而高校科研团队集团则可以分为若干单个科研团队,同时又自然形成一个有机的团队系统,以完成重大科研任务。

（二）高校科研团队的作用

第一，培养创新型人才。我国高校培养的研究生大多数在某种程度上参与了高校科研团队的研究工作，高校科研团队与培养创新型人才已紧密地联系在一起，发挥着重要作用。目前，我国已跨入世界研究生大国行列，研究生的整体发展速度已经超过了 GDP 的增长速度。但与世界发达国家相比，我国研究生的整体素质相对偏低，创新能力不强，这有多种原因，其中，研究生培养模式是重要原因。加强高校科研团队建设，组建更多的师生科研团队，让每一个研究生甚至本科生参与科研团队工作，可以打破传统的培养模式，建立产学研一体化培养模式，为培养创新型人才创造更好的条件。随着高校科研团队的发展，科研团队在培养创新型人才方面将发挥更重要的作用。

第二，培育创新型高校。随着社会的发展，高校的科研职能显得越来越重要，研究型大学更是把科研放在更重要的位置。世界一流大学都是研究型大学，也是创新型大学。加快高校科研团队建设，提升高校科研团队质量，既是有效地开展科学研究的需要，也是建设研究型大学，培育创新型高校，创建世界一流大学的需要。随着我国高校科研团队的不断发展，高校科研团队在培育创新型高校、创建世界一流大学中发挥越来越重要的作用。

第三，取得创新型成果。随着科学研究日益从高度分化向交叉综合的发展，合作科研、团队攻关已成为现代社会生产条件下科研活动的内在要求。高校的科研成果大部分是高校科研人员组成科研团队合作研究取得的成果。我国自 2000 年以来，国家三大科技奖励获得者中团队或群体的比例逐年增长，越来越高。以国家自然科学奖为例，至 2009 年，受理项目中采取团队合作的已达 85%，说明科研团队这一组织方式与单兵作战相比，在研究的深度和广度上都能拓展到更高的层次，也易于实现新的科学发现和重大进展。访谈收集的资料表明，高素质的高校科研团队就会取得高质量的创新型成果。

第四，支撑创新型产业。无论在西方发达国家还是中国，都有许多创新型产业是以一大批高校科研团队为支撑的，美国的硅谷和中国的光谷都是典型的例子。美国硅谷的特点是以附近一些具有雄厚科研力量的美国一流大学斯坦福、伯克利和加州理工等世界知名大学为依托。

第五，建设创新型国家。高校科研团队在培养创新型人才、培育创新型高校、取得创新性成果的同时，也支撑了一大批创新型产业，为建设创新型国家做出了很大的贡献。国家科学技术奖可以代表国家科研创新最高奖，能说明高校科研团队在建设创新型国家中所发挥的重要作用。从历年获奖情况可以看出，高校的获奖比例持续增长，说明国家近年来通过"211工程""985工程"等对高等教育的投入加大，以及高校组成科研团队更多地承担国家各类科技攻关项目，成效开始逐步显现，高校的科研实力在不断增强，对我国科技进步的贡献越来越大。高校获得奖励的绝大多数是高校科研团队合作的成果，说明高校科研团队为解决我国经济社会发展中所面临的重大问题做出了重大贡献，在建设创新型国家中发挥着越来越重要的作用。

第二节 我国高校科研团队建设存在的问题

我国高校科研团队建设存在的诸多问题必然有主次之分。通过系统分析，概括起来，主要问题有四个方面。

（一）总体规模偏小

我国高校科研团队规模相对偏小，主要与我国政府的科研政策价值取向有关，高校长期没有赋予科学研究职能。从新中国成立到1977年以前，高校以教学为主，很少有科研工作。改革开放以后，高校科研团队才真正产生和发展起来，高校科研团队起步比较晚，起点规模低，从而导致高校科研团队规模相对偏小，这主要表现在两个方面：

一是高校科研团队总体规模与国外相比还比较小。组建高校科研团队需要一定的依托条件，由于高校实验平台、研究中心、计划项目、科研课题相对比较少，起步比较晚，与美欧发达国家高校科研团队总体规模相比，我国高校科研团队规模还比较小。同时，我国人文社会科学研究起步更晚，起点更低，高校以国家社科基金项目组成的科研团队规模很小。

二是高校高素质的科研团队规模偏小且增长缓慢。高校高素质的科研团队规模往往以国家级实验平台、研究中心、计划项目、科研课题为依托，其中以国家层面资助的高校科研创新团队（简称创新团队）为杰出代表。

我国国家层面资助的高校创新团队无论是总体规模还是增长规模，都还相对较小。除国家层次的创新团队外，地方层面和高校层面资助的创新团队规模也增长缓慢，有些地方层面和高校层面的资助政策规定就是维持固定规模，没有增长。

（二）内部活性不足

富有创新力的高校科研团队，团队内部应当充满活性。整体而言，与国际水平的科研团队相比，我国高校科研团队内部活性不足，具体表现在三个方面。

一是高校科研团队内部缺乏管理活力。除个别高素质科研团队外，整体而言，我国高校科研团队缺乏高水平领军人才，团队负责人学术威望不高，管理素质欠缺，整体效能难以发挥。这主要与高校科研团队学术带头人管理方式简单有关。一些学术带头人在学术研究方面有一定水平，但在管理团队方面缺乏相应能力。经验型管理模式为高校科研团队带来的是人治而非法治，使许多高校科研团队缺乏规范化的管理，团队成员对带头人依赖性太强，势必会导致管理瘫痪、人浮于事的状况。一些团队成员主观能动性较低，不善于协作。所以，在实际研究过程中，团队成员往往名义上是团队共同作战，实际上是各自孤军奋战或处于半合作状态。团队内部管理不规范、计划不周全、沟通不流畅等问题，使得高校科研团队内部缺乏管理活力。

二是高校科研团队内部缺乏组织活力。我国高校基层学术组织是单位所有制，高校内部从资源配置到专业设置都缺乏有效的联系和合作，高校内部的人员、资源和学科都处于分割状态，形成了严重的人力、资源和学科壁垒，限制了不同组织之间的人员流动、资源共享和学科交叉。高校科研团队在这种组织环境下，内部缺乏组织活力。我国依托高校的国家重点实验室等科研平台，学科覆盖率严重偏低，科研资源相对分散，科研资源共享和科研平台发展都缺乏相应组织活力，不利于高校科研团队特别是跨学科科研团队的组建与发展。

三是高校科研团队内部缺乏文化活力。团队文化是高校科研团队的构成要素之一。高校科研团队内部缺乏文化活力主要表现在：首先是高校科研团队成员合作理念薄弱。由于科研团队成员难以形成共同的目标、缺少知识共享的氛围、缺乏学习创新的动力，制约了科研团队发展，难以成为卓越团队。对于研究中遇到的问题，团队很少组织公开讨论，不能发挥集体的智慧。即使有一些讨论与交流，团队成员之间自我防卫意识过强，对团队中权威人士的观点不愿提出反对建议，采取默认顺从的态度，或对于他人的意见只作折中性结论。其次是高校科研团队成员内耗现象明显。中国几千年的传统文化实际上是一种小农经济文化，难以形成合作的文化氛围，加上团队成员的性格、年龄等个人因素，以及团队成员的身份、地位和权威等不同，导致高校科研团队内部缺乏文化活力，特别是缺乏学术自由的文化活力。这是高校科研团队内部活性不足的文化表现和文化根源。

（三）学术产出不高

学术产出是衡量高校科研团队创新能力的重要指标。我国高校科研团队的学术产出还不高,可以从学术产出数量和学术产出质量两个方面进行分析。

一是我国高校科研团队学术产出数量不高。这一点可以从高校人均科研成果等统计数据反映出来。我国高校科研产出与发达国家相比还比较低,特别是高校科研成果人均产出数量还不高。

二是我国高校科研团队学术产出质量不高。我国高校科研团队学术产出质量不高表现为高校高质量原创性成果比较少。高校科研团队是高校科研的主体,高校高质量原创性成果多少可以反映高校科研团队质量高低。

(四) 引领作用不强

高校科研团队应当在高校科研与教学工作中起到引领作用。然而,由于高素质科研团队缺乏、学术产出不高和内部活性不足等原因,我国高校科研团队在高校科研与教学工作中的引领作用不强。高校科研团队由于层次不同,其引领作用的强弱也有所不同,一般而言,高层次科研团队发挥的引领作用越强,低层次科研团队发挥的引领作用越弱。为了更能说明其引领作用问题,在此选择高层次科研团队来讨论,并从两个方面进行分析:

一是高校科研团队对我国高校科技创新的引领作用不强。我国高校创新团队是高校高层次科研团队,基本上位于重点大学,而且多数在985高校。从高校创新团队与科技创新竞争力的关系来分析,发现这些高校创新团队对我国高校科技创新的引领作用还明显不够。

二是高校科研团队对世界一流大学建设的引领作用不强。作为高校高素质科研团队,高校科技创新团队与高校科技创新能力密切相关。

第三节 我国高校科研团队建设的对策思考

一、创新理念

理念支配思想、形成认识;认识指导行为、影响政策。创新理念主要包括树立高校科研团队超前发展的理念、规范管理的理念、全面创新的理念。

(一) 超前发展理念

树立高校科研团队超前发展的理念,就是要把高校科研团队的发展提高到科教兴国、人才强国的高度,提高到培养创新人才的高度,提高到建设创新型国家的高度,制定相应的法律法规和政策措施,加快发展速度,提升发展质量。

1. 加快发展速度

加快发展速度就是要以超过常规的发展速度去发展高校科研团队,大幅度提高发展速度。把计划机制与市场竞争机制有机地结合起来。在保持竞争性发展的同时,拨出一定专款作为科研均等化发展资金,让每一个高校教师都有一定的基本科研经费。这样更有利于形成高校科研团队生态系统。只有发展数量众多的低层次高校科研团队,才能保证形成一定量的中层次高校科研团队,从而发展形成少量的高层次高校科研团队,形成合理的金字塔式的高校科研团队群体。加快高校科研团队发展速度,必须突破传统的发展理念,确立超前发展的理念。要尽快扭转我国高校研发经费占全社会研发经费的比例不断下滑的趋势,使其超常规快速提高,力争从2006年的9.2%提高到2020年的15%左右。

2. 提升发展质量

提升发展质量就是在加快发展速度的基础上,创造有利于发展的学术环境,保障学术自由,大幅度提升高校科研团队发展质量。在保障学术自由方面,我国可以借鉴西方发达国家的经验。西方发达国家为了确保大学的学术自由,纷纷颁布相关的法律、法规,实现了学术自由的法律化。提高科研团队的发展质量,必须有充分的学术交流和学术活力。高校科研团队不但要加强团队内部交流,还要加强团队外部交流。美国大学教授协会以及终身教职制度、集体谈判制度和黑名单制度,都值得我们借鉴。建设世界一流大学,需要世界一流的高校科研团队。发展不仅是数量的增长,更是质量的提高。提升发展质量是高校科研团队建设的内在要求。

(二)规范管理理念

树立规范管理的理念就是要对高校科研团队及其相关事务进行规范管理,以保障高校科研团队健康发展。

1. 切实完善管理依据

科研是宪法赋予的权利,依法管理是科研机构的基本职责。我国宪法第47条规定:"中华人民共和国公民有进行科学研究、文学艺术创作和其他文化活动的自由。国家对于从事教育、科学、技术、文学、艺术和其他文化事业的公民的有益于人民的创造性工作,给以鼓励和帮助。"《中华人民共和国科学技术进步法》也为加强科技管理提供法律依据,但该法针对高校科研的规定很少,没有关于高校科研团队和产学研一体化的专门规定,也没有高校科研与研究生教育的一体化规定。要树立规范管理的理念，把科研团队管理纳入法制轨道。按照规范管理的要求，建议在《中华人民共和国科学技术进步法》专门增加"高校科学研究"和"科研团队"章节，明确高校的重要地位和高校科研团队的重要作用。依法规定政府对高校科研投入、项目管理等方面的义务与责任，依法建立产学研一体化制度，高校科研、教学和学习一体化制度等，为高校科研团队建设和管理提供法律依据。

2. 积极实施规范管理

教育部、科技部等有关部门应根据《中华人民共和国科学技术进步法》进一步制定高校科研团队的有关政策和制度，完善科研项目的有关规定，积极实施高校科研团队规范管理，以保障高校科研团队的快速健康发展。积极实施高校科研团队规范管理，政府和高校科研管理机构首先要规范自身管理行为，依法保障科研经费投入，规范科研经费的使用和管理，杜绝投入和使用的随意性；在高校科研团队申报、评审、运行、结项等过程中，遵守科研规范，依法进行管理，搞好科研服务，保障公平竞争，维护竞争秩序。同时，要把规范管理和优化服务有机地结合起来，既要创造宽松的学术自由环境，又要加强团队管理研究，解决学术失范问题，遏制学术不端行为。

（三）全面创新理念

树立全面创新的理念，就是要全面思考高校科研团队在提升高校创新能力过程中的作用，系统谋划高校科研团队建设，用全面创新的理念实现高校科研团队建设的多元化，把高校科研团队看作一个系统来建设，全面提升高校的创新能力。

第一，实现高校科研团队建设多元化。创新与高校创新都是多方面的，建设创新型国家也具有多方面的内容，科技创新只是其中的一个重要组成部分。与此相对应，高校科研团队也不仅仅是科技方面的科研团队。要树立全面创新的理念，实现高校科研团队建设多元化。要发展高校科技科研团队，在提升高校科技创新能力的同时，加强高校人文科研团队建设，提升高校人文创新能力。发挥高校多学科优势，建立跨学科科研团队，特别是文理综合创新团队。要建立高校科研、教学和学习一体化科研团队，在产出科研成果的同时培养创新人才。要以科学发展观为指导，发展多层次高校科研团队，形成高校科研团队金字塔式的生态系统。科研经费的分配要兼顾公平与效率，避免经费过度集中在少数权威、重点高校手中。

第二，把高校科研团队看作一个系统。高等教育系统本身是一个复杂的综合性系统，高校科研团队系统是高等教育系统的一个子系统，是国家创新体系的重要组成部分。树立全面创新的理念，就是要把高校科研团队当作一个系统来建设，运用系统科学的理论来思考高校科研团队建设。国家创新体系、高等教育系统以及高校科研团队系统三者之间互相联系、互相影响，存在着大量的能量、信息交换。随着国家创新体系的不断发展，高校科研团队作为高校创新的主力军无疑也越来越重要。高校科研团队建设不仅要紧密联系高等教育系统，而且要考虑它与整个国家创新体系的联系，把高校科研团队系统与其他相关创新系统结合起来研究，推进高校科研团队系统的科学发展，不断提升高校创新能力。

二、改革体制

改革体制就是要克服现有体制中的弊端，建立适合于高校科研团队发展的各种制度与政策，以增强高校科研团队内部活力，提高高校科研团队学术产出，造就高校科研团队领军人才，使管理体制、激励体制和人才体制适应高校科研团队建设的需要。

（一）改革管理体制以增强内部活力

高校科研制度安排缺乏灵活性，科研运行机制缺乏有效性，是高校科研团队内部活力不足的主要原因之一。改革管理体制是增强高校科研团队内部活力的重要对策。

第一，增强高校科研团队内部管理活力。改革传统的管理体制，实行高校科研团队目标管理，是增强高校科研团队内部管理活力的有效措施。实行目标管理不是政府和高校给科研团队确定目标，也不是科研团队给团队成员规定目标，而是要加强沟通与协商，增强目标的引导性、自主性。政府和高校要采取措施，培养高校科研团队负责人的管理能力，加强与科研团队沟通。团队负责人要把提高团队内部管理水平和完成科研目标结合起来，把科研团队围绕整体目标进行集体攻关和给予团队成员自由研究有机结合起来，以增强团队目标管理活力和成员个性管理活力。一方面是增强团队目标管理活力。增强团队目标管理活力不是鼓励高校科研团队随时改变科研目标，而且要围绕科研目标增强管理合力，更有效地实现科研目标。实行高校科研团队目标管理，科研管理机构和团队负责人主要控制科研目标，对完成科研目标的具体过程、途径和方法并不过多干预，这完全符合学术自由的原则。因此，实行高校科研团队目标管理，科研监督的成分很少，但控制目标实现的能力却很强，能有效地把加强科研管理与尊重学术自由结合起来。另一方面是增强成员个性管理活力。高校科研团队成员在知识和能力上优势互补，是科研团队的一个重要特征，不同的团队成员，其知识和能力个性不同。增强高校科研团队内部管理活力，需要增强团队成员个性管理活力，即在高校科研团队目标管理过程中，以人为本，尊重成员个性，做到扬长避短、因人适用、用人所长、因才适用。

第二，增强高校科研团队内部组织活力。高校科研团队也是一种组织形式，这种组织形式与高校的学科组织以及科研、人事等职能部门密切相关。团队组织既有自己独特的组织个性，也有一般组织形式的特点。改革管理体制，增强高校科研团队内部组织活力，主要包括两个方面：一方面是增强团队内部学科组织活力。增强团队内部学科组织活力，需要针对学科划分过细、门户观念过重导致的力量分散等问题，优化学科组织结构，活化用人机制，促进学科交叉。另一方面是增强团队内部人事组织活力。增强团队内部人事组织活力与打破学科分割紧密相连，需要突破单位所有制，整合跨学科优势资源，促进跨学科、跨单位合作，鼓励跨学科、跨单位组建科研团队。增强团队内部人事组织活力既符合高校科研团队的发展要求，也是增强团队内部人事组织活力的需要。

第三，增强高校科研团队内部文化活力。文化对体制具有无形的作用，重视高校科研团队文化特别是学术文化建设，促使高校科研团队形成和谐宽松、合作互助、共同学习、互相激励的文化氛围，促使团队成员形成学术交流、资源共享的习惯，可以不断增强高校科研团队的文化凝聚力，巩固管理体制改革成果。

（1）增强团队内部学术文化活力。高校科研团队是以学术创新为目的的团队，团队内部学术文化应当是一种学术自由文化和学术创新文化。增强团队内部学术文化活力就是要增强团队内部学术自由文化活力和学术创新文化活力。

（2）增强团队内部合作文化活力。高校科研团队内部合作文化活力是内部文化活力的另一个重要方面。高校科研团队具有学习与创新并轨的特点，需要加强合作才能增强学习能力和创新能力。增强团队内部合作文化活力，一方面要增强团队成员合作理念。另一方面要尽可能减少甚至消除团队内耗。只有这样，才能提高团队的科研绩效。

（二）改革激励体制以提高学术产出

改革开放以来，随着科技体制改革的不断深入，我国高校科研团队得到了很大的发展，但是，由于激励体制等问题，高校科研团队学术产出还不高，与西方发达国家相比，还有比较大的差距。因此，改革激励体制，不断激励高校科研团队勇于创新，是加强高校科研团队建设，提高其学术产出的必由之路。

1. 建立科研团队奖励制度

建立科研团队奖励制度，是激励高校科研团队提高学术产出的重要措施。

第一，中央政府建立科研团队奖励制度。在大科学时代，科技创新更需要团队合作，因此，中央政府要加大对科研团队的奖励力度，改变过去仅对个人进行奖励的做法，重视对科研团队进行表彰奖励，且今后的国家奖励要以奖励科研团队为主。建议在一年一度的国家科学技术奖励大会上，定期命名表彰一批"国家科研团队最高奖""国家优秀科研团队奖"等，对学术产出特别高、取得重大创新成果的科研团队予以奖励。也可以对创新团队单独设立奖项，给予表彰奖励。同时，中央政府有关部门也可以建立科研团队奖励制度，教育部应当专门针对高校科研团队建立奖励制度，以表彰优秀的高校科研团队。

第二，地方政府建立科研团队奖励制度。与此同时，地方政府特别是省级政府要加大对科研团队的奖励力度，重视对高校特别是地方高校科研团队进行表彰奖励，且今后的地方奖励也要以奖励科研团队为主。在一年一度的各省市科学技术奖励大会上，定期命名表彰一批"省级科研团队最高奖""省级优秀科研团队奖"等，对在本省市范围内学术产出特别高、取得重大创新成果的科研团队予以奖励。地方政府也可以对地方创新团队单独设立奖项，给予表彰奖励。同时，地方政府有关部门也可以建立科研团队奖励制度，地方教育行政部门特别是省教育厅应当专门针对高校科研团队建立奖励制度，以表彰优秀的高校科研团队。

2. 给予科研团队优先支持

为高校科研团队创造良好条件也是重要的激励措施。根据高校科研团队的依托资源不同，可以把高校科研团队分为依托基层组织的高校科研团队、依托研究平台的高校科研团队和依托研究项目的高校科研团队。给予高校科研团队优先支持，就是要对其依托资源给予优先支持。

第一，在基层组织建设方面优先支持。依托基层组织的高校科研团队是指高校科研人员依托基层组织，如教研室、研究所等高校基层学术组织而组成的高校科研团队。政府和高校要把科研团队与重点学科建设有机结合起来，把科研团队的学术产出作为重点学科建设的一个重要条件。要对基层学术组织建设给予优先支持，一方面，政府在高校基层学术组织建设方面要给予政策支持。另一方面，为了支持这种高校科研团队的建设与发展，高校要加强自身基层组织建设，为高校科研团队提供良好的组织空间。同时给予教研室、研究所等高校基层学术组织一定的学术管理权、财务支配权和人事管理权，为基层学术组织创造良好的科研条件，为培育和发展高校科研团队创造基础条件。

第二，在研究平台搭建方面优先支持。依托研究平台的高校科研团队是指高校科研人员依托研究平台，如研究中心、实验室等高校学术研究平台而组成的高校科研团队。在研究平台搭建方面优先支持，一方面，政府要把科研团队学术产出作为国家重点实验室评审、国家和省部级研究中心认定的重要条件，促使科研团队不断提高学术产出。同时，政府及其有关部门要有更多的高校研究平台建设计划，为高校研究平台建设提供资金保障。另一方面，高校要改善自身的研究平台建设条件，引进优秀人才，为研究平台提供人才支撑，依托平台组建与发展优秀科研团队，保障研究平台在建设创新型国家过程中充分发挥作用。

第三，在研究项目资助方面优先支持。依托研究项目的高校科研团队是指高校科研人员依托研究项目，如基金项目、委托项目等各类项目而组成的高校科研团队。项目计划与科研课题是高校科研团队的主要依托资源。政府和高校都应当出台政策，优先支持高校科研团队承担国家和省部级重大科技攻关项目，优先给予项目计划与科研课题资助，优先推荐科研团队学术产出高的骨干人才参评国家科学技术奖、长江学者、有突出贡献的中青年专家和劳动模范等。把科研团队的学术产出作为以后科研立项、项目评估的重要条件，促使科研团队不断提高学术产出。

（三）改革人才体制以造就领军人才

创新人才特别是领军人才是最宝贵的高校科研团队建设资源。领军人才是创新人才的杰出代表，是高校科研团队的领导者，对高校科研团队建设具有至关重要的作用。改革人才体制，提升领军人才综合素质是充分发挥高校科研团队引领作用的必然要求。"千军易得，一将难求"，领军人才综合素质不高是我国高校科研团队目前面临的突出问题。一个高素质的领军人才往往能带动一项重大技术突破，一个学科的兴起，甚至是一个产业的出现。造就领军人才必须改革人才体制。人才体制包括人才引进体制、人才培训体制、人才培养体制，改革人才体制要立足当前，面向未来，把领军人才的引进、培训和培养有机结合起来。

（1）引进高校科研团队领军人才；

（2）培训高校科研团队领军人才；

（3）培养高校科研团队领军人才。

三、增加投入

要扩大高校科研团队总体规模，必须加大高校科研团队经费投入。没有经费投入增长，扩大规模就是空谈。要确立超前发展战略，树立高校科研团队特别是创新团队的经费投入是建设创新型国家的一种战略投资理念,加大各级政府财政经费投入力度,确保各级政府创新团队财政经费投入的增长速度不低于同级财政科研经费的增长速度,各级政府财政科研经费投入的增长速度不低于同级财政经常性收入的增长速度,高校自身创新团队经费投入的增长速度不低于高校自身科研经费的增长速度;高校自身科研经费投入的增长速度不低于高校自身经常性收入的增长速度。要完善以各级政府和主管部门为主、科研团队所在单位为辅、社会化多渠道的科研团队建设投入机制,对科研团队特别是创新团队承担的科研课题、重大项目和创新平台建设在经费安排上实行重点倾斜;中央财政应通过基金委、教育部等多种途径给予高校等研发单位在人才培养、引进、项目研发等方面连续稳定的资助;地方政府特别是省级政府也要加大财政科研经费投入力度,拓宽资金投入渠道,逐步形成在基础研究方面以政府投入为导向,在开发研究方面以市场投入为导向,在应用研究方面以混合投入为导向的科研团队建设经费投资回报机制,促进经费投入与创新回报步入良性循环。

(一) 增加国家层次的科研团队经费投入

国家层次的科研团队是以国家级实验平台、研究中心、计划项目、科研课题为依托组成的科研团队,是我国高水平科研团队的代表,包括以国家自然科学基金(基金委)、国家社会科学基金、973计划等为依托组成的科研团队。中央政府要加大国家自然科学基金、国家社会科学基金等国家财产经费投入力度,以扩大国家层次的科研团队规模。除竞争性科研投入外,中央财政还应拨出一定科研专款作为高校教师均等化科研资金,以便高校教师自由组成科研团队。

(二) 增加地方层次的科研团队经费投入

地方层次的高校科研团队也是高校科研团队的重要组成部分。由于地方高校很难申报国家层次的科研团队,因此,中央政府应当鼓励地方政府加大高校科研团队经费投入力度,对地方政府的科研投入实行奖励或处罚配套政策,为建立高校科研团队生态系统奠定基础。地方政府应当主动出台政策,加大科研团队经费投入,扩大地方层次的科研团队规模,并拨出一定数量的专款组建一定数量的地方创新团队。同时,地方财政还应拨出一定科研专款作为地方高校教师均等化科研资金,以便高校教师自由组成科研团队。综合运用财政、税收、金融等多种经济手段,加大对高校特别是地方高校科研团队建设的扶持力度,促进地方高校的发展,为区域创新培养创新人才,为地方经济社会发展打下基础。

(三）增加高校层次的科研团队经费投入

高校层次的高校科研团队是高校投入自有资金组建的科研团队。中央政府和地方政府应当出台政策，鼓励高校特别是地方高校自筹资金组建校级科研团队。高校应当拨出专款，组建一定数量的校级科研团队和校级创新团队，为申报省级和国家级科研团队和创新团队打下基础。科研实力比较弱的地方性高校，也应当积极筹备资金，组建一定数量的科研团队，并拨出专项资金最少组建一个校级创新团队，以便对全校科研工作起到示范作用。各级各类高校要在科研均等化方面做出一定努力，增加一定数量的科研均等化经费，把科研竞争机制和科研均等化有机地结合起来并形成制度，建立高校科研团队金字塔式的生态系统。

参考文献

[1] 陈武元. 中国高等教育发展路径的探索［M］. 厦门：厦门大学出版社. 2021.

[2] 高健磊作. 新时期高校管理与发展路径探索［M］. 北京：中国政法大学出版社. 2021.

[3] 赵丽娟. 高校科研管理的理论与实践探索［M］. 北京：北京理工大学出版社. 2019.

[4] 杜学亮. 高校科研管理的理论与实践［M］. 北京：中国政法大学出版社. 2019.

[5] 赵勇. 高校与学科发展中的人才与科研［M］. 北京：中国农业大学出版社. 2019.

[6] 李勤国，马英，张守红. 高校产学研合作的理论与实践［M］. 西安：西安电子科技大学出版社. 2019.

[7] 吕开东. 新时代高校思想政治教育工作探索［M］. 北京：光明日报出版社. 2019.

[8] 刘玉琴. 基于科研关系网络的高校科研管理研究［M］. 北京：知识产权出版社. 2018.

[9] 王惠贤. 高校可持续创新型科研管理机制研究［M］. 北京：新华出版社. 2018.

[10] 冯建跃. 高校科研机构实验技术队伍管理制度选编［M］. 北京：科学技术文献出版社. 2018.

[11] 李柏洲，董恒敏，周森. 区域创新系统中科研院所作用机理与管理政策研究［M］. 哈尔滨：黑龙江人民出版社. 2020.

[12] 周汉鸣. 高校科研管理研究［M］. 北京：现代出版社. 2020.

[13] 马骏. 学校教育科研管理规范与创新［M］. 上海：上海科学普及出版社. 2020.

[14] 付军；张耀东. 科研项目组织实施管理体制机制创新研究［M］. 北京：中国环境出版集团. 2020.

[15] 赵丽娟. 高校科研管理的理论与实践探索［M］. 北京：北京理工大学出版社. 2019.

[16] 刘扬，郑金. 高校科研管理与学风建设研究［M］. 北京：北京工业大学出版社. 2019.

［17］李巍. 新建本科院校科研创新团队建设与管理［M］. 成都：四川大学出版社. 2019.

［18］刘玉琴. 基于科研关系网络的高校科研管理研究［M］. 北京：知识产权出版社. 2018.

［19］王惠贤. 高校可持续创新型科研管理机制研究［M］. 北京：新华出版社. 2018.

［20］陈春霞. 大学科研活动知识产权保护与管理［M］. 长春：吉林教育出版社. 2018.

［21］占南. 大数据时代科研人员个人学术信息管理行为［M］. 北京：社会科学文献出版社. 2018.

［22］宋明. 高校科研管理制度研究［M］. 长春：吉林大学出版社. 2017.

［23］赵桂. 高校科研管理与知识产权研究［M］. 长春：吉林人民出版社. 2017.

［24］赵海霞，刘雅学，任卫波. 课题制背景下科研管理现状及潜力调查研究［M］. 北京：中国农业科学技术出版社. 2017.

［25］刘桂锋. 高校科研数据管理理论与实践［M］. 镇江：江苏大学出版社. 2017.

［26］张晶. 高校科研团队建设与管理对策研究［M］. 沈阳：白山出版社. 2017.

［27］凌群英. 大数据时代高校科研档案管理研究［M］. 天津：天津科学技术出版社. 2017.

［28］王莹. 高等院校科研管理研究［M］. 北京：现代出版社. 2016.

［29］张承明，陈孟芸，陆卫华. 教学科研与教育管理［M］. 昆明：云南人民出版社. 2016.